恋と推し活とショッピングに学ぶ

Matsushita Rise
松下りせ

知識ゼロからの女子株

Women's Equity Investment

ダイヤモンド社

はじめに

「あなたの人生に、夢と希望はありますか？」

「ある！」

こう即答できて、「自分の人生にワクワクしてる」と答えられる人は、そんなに多くないと思います。

夢を抱き、人生に希望を持つどころか、こんなふうに感じているかもしれません。

「将来に、漠然とした不安を抱えている」
「暗いニュースばかりで、未来に希望が持てない」
「豊かで幸せになりたいのに、その方法が分からない」

はじめまして！　この本の
著者の松下りせです

でもそれは、あなたが自分の中に眠る可能性に気づいていないだけ。

この本は、女性にとって身近な「恋」や「推し活」、「ショッピング」を例にしながら、楽しく投資を始めて、あなたが自分の可能性に気づき、夢と希望にあふれる人生を送れるようになるための一冊です。

憧れの会社に転職できたのに……

少し、私の昔話をさせてください。

私が投資の世界に入ったきっかけは、ずっと働きたかった〝夢の国〟で仕事をしているのに、この先の人生を暗いと感じていたことにありました。

私はもともと、お金に強い関心を持つタイプではありません。

大学時代の就職活動も、お給料が高い会社より「誰と働くか」とか「どんな内容の仕事か」を重視していました。


仕事が充実すれば、きっと幸せになれるに違いない——。

そんなふうに信じていたのです。


憧れの会社は、東京ディズニーリゾートを運営するオリエンタルランド。でも、新卒では縁がなく、三菱電機に入社し、宇宙事業の営業を担当していました。働く仲間は素敵な人ばかりで、やりがいもある恵まれた職場環境でした。

とはいえ、たった一度の人生です。

「やっぱり、夢を叶えたい！」という思いが募って、オリエンタルランドの中途採用試験に挑戦。幸いにも、転職することができました。


転職前と比べるとお給料は減ったけれど、ずっと憧れていた会社で働ける。しかも、一番挑戦してみたかった商品開発の仕事に就くことができました。

私は、天にも昇る心地で、明るい未来を確信していました。

憧れの職場で、心も体もすり減らす

ですが、胸をときめかす私を待ち受けていたのは、夢に描いた職場で、憧れの仕事をしながら、心と体をすり減らす毎日でした。

・朝8時に出社して、退社は夜22時半
・休日は、疲れて寝てばかり
・買い物や旅行に出かけるエネルギーがない
・晩ご飯は、自宅近くのスーパーで、割引された総菜や食材を食べる
・「婚活しなきゃ！」と焦っても、仕事に追われてそれどころじゃない
・大好きなお風呂を楽しめず、シャワーで済ませるだけの日々

忙しく働く中で、体ばかりではなく、心もどんどん疲弊していきました。そし

て、こんなネガティブループに入っていったのです。

・転職を後悔するようになる
・仕事を失った自分を想像すると恐怖を感じ、結婚や出産などの変化に臆病になる
・仕事が心から楽しめなくなり、自分のことを嫌いになる

社会に出る前は、自分の将来は輝いていました。
それなのに、どうして今は仕事やお金に悩んで、自信が持てないんだろう。
それでも、私には現状を変える力がない。
だから、目の前の現実を受け入れるしかない……。

憧れの仕事に就いたけど、なんか違う……

そんなふうに、諦めていました。


とはいえ、憧れの会社で、やりたい仕事に就くことができたのは事実です。

仕事は頑張りながら、私の抱えている閉塞感を壊す手段はないだろうか。

いろいろと悩み、まずはお金に関する問題を解決しようとたどり着いたのが、株式投資でした。

それまでも自己流で株式投資をしていました。

なんとなく聞いたことのある会社の株や、雑誌で紹介されていた株をとりあえず買って、月に1〜2回は証券口座を見て、上下する株価と資産をただ眺めていたのです。

こんなふうに、なんとなくやっていた株式投資を、本格的に始めることにしました。


そこから、私の人生は大激変しました。

株式投資を始めたら、人生が一変した

株式投資を本格的に始めるようになってから、私の生活は一変しました。

- 朝9時~夕方17時30分、定時で退社するホワイト優良社員に
- 海外旅行や、一人3万円以上する素敵なレストランに行くように
- 退社後は、友人と充実したアフター5
- 理想通りの恋人をゲット
- お風呂にゆっくり入れるように
- 会社員以外の収入が増えて、「生活のために働く」ことから抜け出す
- 結婚や出産など、ライフステージの変化を前向きに捉えられるように
- 株式投資を通じて社会や経済とのつながりを感じ、視野が広がる
- 先を見る目や判断力がつき、会社員の仕事もうまくいくように

こう書くと、まるで冗談のような変化に見えるかもしれません。

でも、実際に私の生活は大きく変わっていったのです。

私の身に起こった驚くような変化は、第1章で詳しくご紹介しますね。

株式投資を通して起こったたくさんのうれしい変化は、言い換えると、自分の可能性を信じられるようになり、自分や社会の未来にワクワクできるようになったことでもありました。


このワクワクを、一人でも多くの女性に伝えたい——。


そんな思いが募り、思い切って会社員から独立。

女性向けの資産運用スクール「ハナミラ」を経営するようになりました。

ハナミラの受講生のみなさんも、かつての私と同じように、株式投資を通じてどんどんと新しい扉を開き、人生が大きく変わっていっています。

ハナミラでは、次のようなケースが次々に誕生しています。

・投資を楽しんで続けているうちに、気がつけば資産10倍以上に
・残業代が出ずに仕事を嫌いになりかけていたけれど、投資のおかげで心に余裕ができ、もう一度仕事を好きになれた
・体調を崩して働けなくても、布団でゴロゴロしながら月に100万円の利益が
・投資をきっかけに、政治や経済に興味を持てるようになって、世界が広がった
・自分が豊かになることで、「もっと社会に貢献したい！」と思い始め、自分で事業をスタート

ハナミラでは、投資を学び、経済的にも精神的にも自立することで「自分にも、夢を叶える力がある」と気づき、自分を幸せにしながら、周りの人や社会にも良い循環を生む女性が続出しています。

文学部出身でも、数字嫌いでも大丈夫！

あなたは、株式投資を難しいものだと思っていませんか？

私も、ハナミラの受講生も、初めは同じように感じていました。

ですが、それは大きな誤解です。

なにを隠そう、私の大学時代の専攻は、文学部国文学。

典型的なＴＨＥ・文系の女子です。

「難しそう！」「細かいことは超苦手」という理由で、就職活動では金融機関に見向きもしませんでした。

それも、長い間、お金に悪いイメージを持っていて、「お金を追い求めると大切なものを失う」と勝手に思い込んでいました。

「頑張って働くからこそ、お金がもらえるんだ。それ以外の方法でお金を稼ぐなんて、ちょっと危険」と思っていたくらいです。

投資をする人が読んでいるイメージのある日本経済新聞も、「読めたらかっこいいな」とファッション感覚で購読したことはありますが、何が書いてあるのかさっぱり理解できず、3日と続きませんでした。

そんな私だって、無理なく株式投資が始められたんです。

ハナミラの受講生の職業も、多種多様です。

かつての私のように大会社で総合職として働く女性はもちろん、看護師や保育士、公務員、教師、事務職、医師、経営者、演奏家、伝統工芸作家、パート、フリーランス、主婦などさまざまです。

いろんな経歴の20～60代の女性が、北海道から沖縄、果ては東南アジアやアメリカから、ハナミラに参加し、株式投資を楽しみながら学んでいます。

彼女たちは、特別な存在なのでしょうか？

いいえ、そんなことはありません。

今、この本を手に取ってくれているあなたや、あなたの周りにいるお友達と同じ。金融の専門家でもなければお金に強いわけでもない、普通の女性です。

そんな専門知識のない普通の女性だって、株式投資はできるんです。

「恋」「推し活」「買い物」上手は投資に向いている

本書では、株式投資の知識や考え方を、「恋」「推し活」「ショッピング」に例えながらお伝えしていきます。

「恋」「推し活」「ショッピング」を扱う理由は、大きく2つあります。

1つ目は、この3つは女性にとって、とても身近なものだということ。それらに例えることで、心理的なハードルを下げたいと思っています。

2つ目は、ハナミラの受講生で、投資がうまくいっている人に共通するのが、「恋」「推し活」「ショッピング」が得意だということです。

恋愛で幸せになるには、相手を信じ抜く強さを持つことが大切です。場合によっては、状況を冷静に見極めて別れを決めることだって必要です。

恋愛で必要になる状況を見極める力と決断する力、自分と相手を信じる力は、株式投資で求められる一番大切な力です。

推し活を楽しんでいる人は、気になる〝推し〟を見つけたら、心底楽しみながら〝推し〟を徹底的に知り尽くしていますよね。

〝推し〟がどのメディアでどんなコメントをしたのか。SNSにどんな投稿をして、なにが好きなのか。

対象を徹底的に調べ抜く力は、株式投資で企業を調べる力と共通しています。なにより株式投資は、自分のお金をその企業に投じることで、その企業を応援するという行為。

推し活の対象が人から企業に変わるだけ、と考えると理解しやすいですよね。

良い買い物をするには、買いどきを見極める市場感覚が欠かせません。最近では、お目当ての商品をある程度使った後でメルカリで売却することまで考慮して、買い物を楽しむ人も増えています。

「買いどき」と「売りどき」を見抜く力は、そのまま株式の売買にも生きます。

私たちにとって、身近な「恋」「推し活」「ショッピング」――。それらを通して楽しく投資を学びながら、夢と希望にあふれる人生をスタートさせましょう！

目指せ！　3年で1000万円。

さあ、始めましょう。

注：本書は株式投資に関する情報提供を目的にしており、投資の勧誘を目的にしたものではありません。また特定の銘柄及び証券会社、金融商品を勧めるものでもありません。株式投資に関する説明をしておりますが、その内容を保証するものではありません。投資は自己判断でお願いいたします。

CONTENTS

第1章 投資で人生が一変

株式投資の「誤解あるある」を解消！
どんな女性だって、投資家になれる

こっちだ！
A
B

第2章

株式投資は恋や推し活と同じ

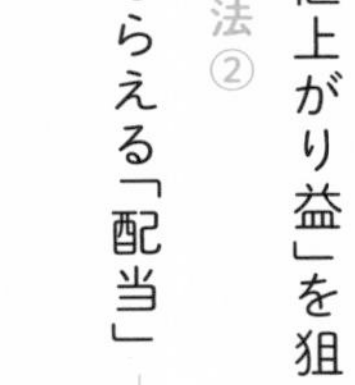

500
100
1000
1000

株式投資で利益を得る方法③

第3章 ジャニーさんになって有望株を探せ

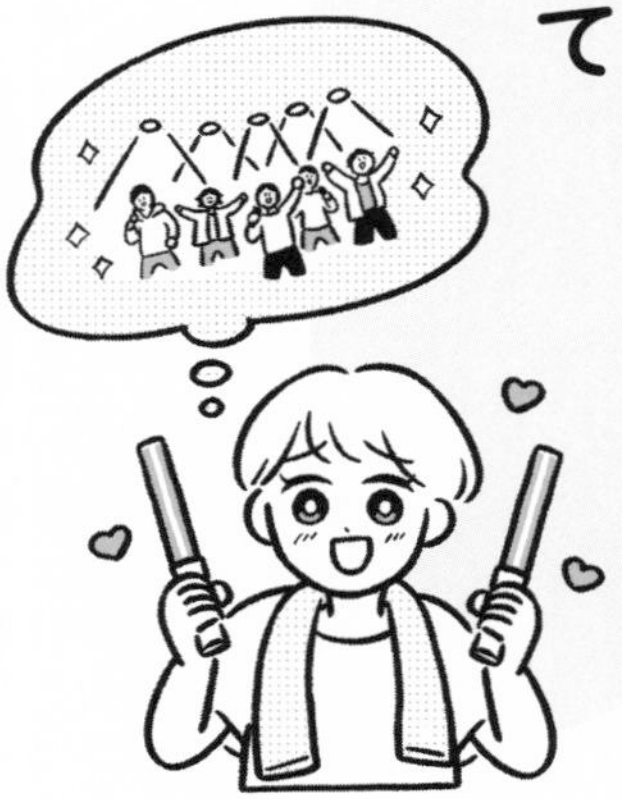

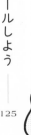

〝推し〟の企業とは、こうやって出合う

第4章 さあ、推し活投資を始めよう

〝推せる〟銘柄の魅力はなに？
投資の前に強みを言葉にしてみよう

ポテンシャル＝将来の時価総額
〝推し〟の企業の未来の姿を予測しよう

Q.～?

最高の〝推し〟の企業を見つけるには?
あなたの目を肥やしていこう

第5章

売買のタイミングは恋や買い物と同じ

「なんとなく」の投資は絶対ダメ！〝推し〟の企業を妄信しない強さも大切に

買い物のルールから株の買いどきを学ぼう

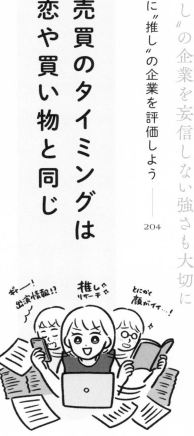

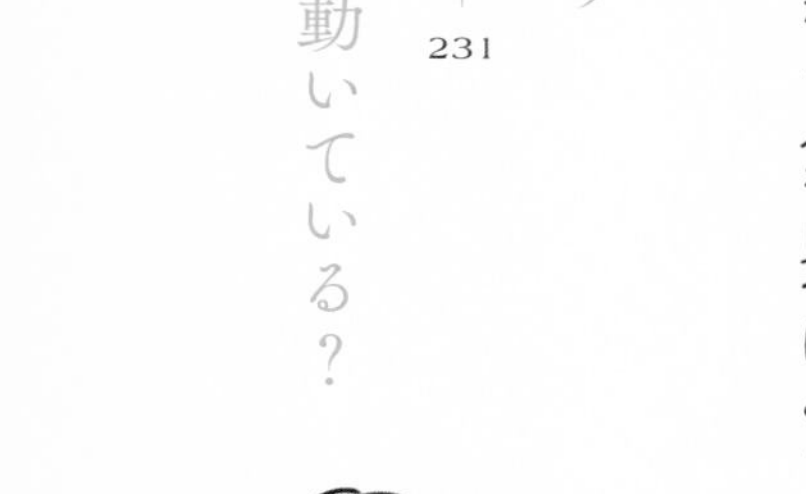

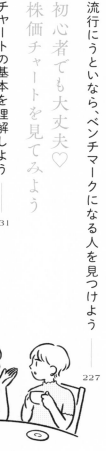

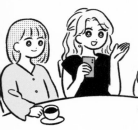

投資は「終わりのある恋」一番大切な売りどきを知ろう

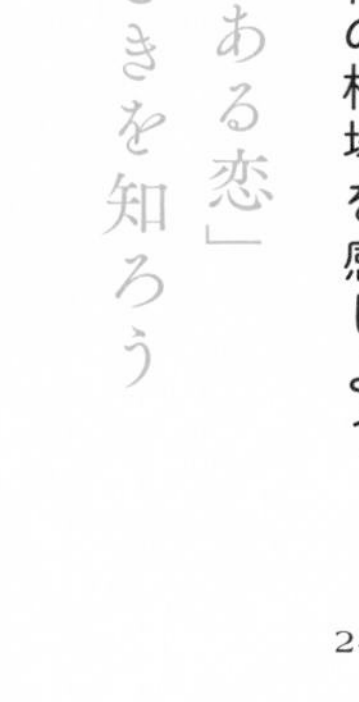

第6章 恋も株も、最後はマインド勝負

第7章

投資で成功するための5つのルール

○○会社
株
株

第1章

投資で人生が一変

希望を見失った会社員生活から投資で人生が１８０度変わった♡

株式投資を始めた私に起こった変化について、詳しくご紹介させてください。

「はじめに」でも書いた通り、かつての私は、憧れの〝夢の国〟で働きながら、希望を失っていました。

頑張っている割には、あまり納得できる給与体系ではなかったり、仕事は好きだけど出世をしたいわけでもなく、漠然とした人生の行き詰まり感がありました。ネガティブな状態から解き放たれ、もう一度、自分の人生にワクワクできるようになりたい！　そんな一心で、投資を学び始めました。

こう書くと、「どうせ計算が得意だったんじゃないの」とか「マネーリテラシーが高かったのでは？」なんて思われるかもしれません。

でも、そんなことは全然ないんです。

恥を忍んで打ち明けると、私は学生のころから、数学がとっても苦手。

細かいことも大嫌いですし、金融用語にもアレルギーを持っていました。

「お金は難しいし、怖い」と恐怖心を持っていたくらいです。

同時に、お金に対するネガティブな先入観もありました。「お金を追うのは良くないこと」「お金は悪いもの」と思い込んでいました。

そんな私に株式投資ができるのか？

不安な気持ちはありましたが、とにかく鬱々《うつうつ》とした現状を打開したい！

そんな一心で、恐る恐る株式投資を始めてみたのです。

おっかなびっくり、ドキドキしながら始めた株式投資。

でも挑戦してみたら、私の人生がどんどん変わっていきました。

♡投資で起こった変化①♡

家と会社の往復から、世界がぐんと広がった

会社員時代、私の日常は、家と会社の往復でした。

平日は朝8時に会社に到着して、夜22時半まで働く毎日。

休日は疲れ果てて寝ているから、新しい出会いや刺激もありません。自分を取り巻く世界も人間関係も変わることなく、単調な日々が続いていました。


そんな私の生活が、投資で180度変わりました。


一番衝撃だったのは、社会の見方や人生の捉え方が変わったことです。

例えば、オリエンタルランドで商品の開発をしているときも、「この商品は若い人に人気だけど、なぜだろう」と理由を考えるだけではなくなりました。

もっと深掘りして、ヒット商品を製造している会社やその類似商品、はたまた

仕入れ先などについて考えるようになったのです。
ヒット商品に、どんな人たちが、どのように関わって経済を回しているのか。目の前に見える現象を単純に理解するだけでなく、その裏側にある経済の営みを想像するようになっていきました。

当時の私は、新聞は読まないし、忙しくてテレビを観る時間もなし。世の中の動きには、ほとんど興味を持っていませんでした（実は今もあんまり新聞やテレビは見ていません♡）。

でも、投資をするようになって、SNSを眺めたり、ネットサーフィンをしたりする中で、経済のニュースが目に飛び込んでくるようになりました。

「自分が働いている会社はどれくらい儲かってるんだろう？」
「ほかの会社の業績はどうなのかな？」
「世界の景気はどうなっている？」

興味の向かう先が身の回りのことだけじゃなく、ほかの会社や業界、さらには国全体へと広がっていったのです。

それまでは、目の前の人間関係や仕事にばかり目が向き、小さなことでクヨクヨと悩み、イライラしていました。でも視野が広がると、社会や経済とのつながりを感じられるようになって、小さなことであまり悩まないようになっていきました。

見える世界が広がるほど、目の前の悩みがささいな出来事に感じられるようになったのです。

投資を始めると、ニュースで報じられている内容が身近な存在になった！

投資を知ると、世の中の会社から元気をもらえる♡

投資先の企業を探すうちに、希望や刺激をもらって、働くことにも前向きになりました。

「世の中には、こんなに頑張っている会社があるんだ！」

「日本って、まだまだ捨てたもんじゃない！」

いろんな会社を調べては、こんなふうに感動していました。

それまでの私は、社会とつながるには、会社で働くしかないと思っていました。

でも、そんなことはありませんでした。

株式投資という形で、自分がいいなと思った会社を応援することだって、社会と密接につながることになる。

私の毎日の買い物だって、どこで買うか、なにを買うかを通して、経済の大きな動きに直結している。

そう気づいて、社会との深い結びつきを感じられるようになりました。

株式投資を通して、狭かった視野が大きく広がっていきました。

♡投資で起こった変化②♡

最強の「夢のスポンサー」を手に入れた！

突然ですが、あなたの子どものころの「夢」は何でしたか？

私の子どものころの夢は、小説家でした。

ワクワクするような言葉で物語を紡ぎ、たくさんの人を感動させることができれば、きっとうれしいに違いない。そんなふうに憧れていました。

その夢を諦めるようになったのは、「小説家として食べていくのはとても難しい」「小説家として成功するのは選ばれた人だけ」と気づいたからです。

子どもながらに、仕事とお金の関係を意識して夢を手放したんだと思います。

それから月日は流れ、人に夢と希望を届ける仕事がしたいと思った私は、東京ディズニーリゾートを運営するオリエンタルランドで働くことになりました。

仕事は、希望していた商品開発。テーマパーク内のレストランで販売する商品の企画や開発を担当していました。

自分の考えた商品がお客さまに受け入れられるかどうかは、世に出してみないと分かりません。

「ヒット商品を作りたい！」と思っていた私は、平日はもちろん、休日も世の中のトレンドを追ったり、市場調査に出かけたりと、四六時中、仕事のことばかり考えていました。

すると、次第に心と体が疲弊してきました。

「やりたかった仕事だし、しんどくても頑張らなくちゃ……」

最初はそう考えていましたが、心も体もどんどんすさんでいきます。

そして、「これだけ頑張っているんだから、もっと評価されてもいいのに」と思うようになっていったんです。

もとはと言えば、自分が頑張りたくて仕事三昧の日々を送っていたのに、気がつけばそんな生活に不満を抱えて、「こんなにやっているのに認めてくれない」「どんなに働いてもお給料がアップしない」と考えるようになって、少しずつ仕事が嫌いになっていきました。

「お金のために働かなくていい」という衝撃！

そんな鬱々《うつうつ》とした私が、株式投資を始めて変わりました。
ターニングポイントは、生まれて初めて株式投資で利益を出せたときのこと。
そこで、救われたような気持ちになったんです。

身を粉にして働く以外にも、お金を稼ぐ方法ってあったんだ!!!

「お給料は頑張って働いてもらうもの」

「自分の手を動かさないと、お金をもらってはいけない」

「労働の先にお金がある」


そう思い込んでいた私にとって、投資でお金が稼げるという現象は、目から鱗《うろこ》の衝撃体験でした。

投資を身につければ、生活するために必要なお金を会社からお給料としてもらう必要はなくなります。

「食べるために働かなくてもいい」という未来が垣間見えるようになると、なんだか、心に余裕が生まれてきました。

そして、改めてまっさらな気持ちで仕事と向き合えるようになりました。

「食べていくために働く」のではなく、「好きだから働いている」と思えるようになっていったのです。

お金にとらわれなくなると、人生は自由になる

お金にとらわれなくなると、人生の選択肢が驚くほど増えて、より自分らしく生きられるようになります。

私はそれを仕事で体験しましたが、ほかの部分にも共通します。

例えば、婚活。パートナーを探すとき、多くの女性がついお相手の給料にこだわってしまうのではないでしょうか。

もちろん、それも相手を知るための大切な要素の一つです。

でも、もし自分に十分なお金を作るスキルがあれば、相手の年収が理想より少なくても、あまり気にならなくなるでしょう。

少なくとも「絶対に年収1000万円以上の人じゃないとダメ！」とは思わなくなるはずです。

むしろ、「お金のことは2人で頑張ろう」と心に余裕を持って相手を受け入れられるようになります。

働くこと以外でお金を得るスキルを持っていれば、人生のあらゆる岐路で、自分らしい選択をしやすくなります。

「会社をやめて、2年間大学院に通いたい」

「海外で1年間暮らしてみたい」

給料頼りの生活から抜け出していれば、きっとそんな夢を諦めることもなくなるでしょう。

実際、私も株式投資にはまって、「たくさんの女性に投資の楽しさを伝える仕事をしたい！」と思うようになったとき、不安はありましたが、それでも最終的には、思い切って会社員をやめることができました。

「もしなにかあっても、とりあえず投資があるから大丈夫」

こう気楽に考えることができましたし、投資を通して、自分の決断に自信を持てるようにもなっていました。

人生100年時代。

この先、私たちにはたくさんの「やりたいこと」が生まれてくると思います。そのときに、お金の心配をせずに身軽に挑戦できること。投資というスキルを身につければ、躊躇《ちゅうちょ》なく新しい行動を起こすことができるようになります。

株式投資は、私たちの強い味方になってくれるのです。

株式投資は、自分の夢を叶えるための最強のスポンサー。

私も最強のスポンサーを味方に、自分ら

投資を知れば、自分らしく生きられる

しい選択をできるようになりました。

♡投資で起こった変化③♡

理想のライフスタイルで暮らせるように

私は投資をするようになって、ライフスタイルが大きく変わりました。

投資によってお金に余裕ができるようになると、今度は時間の使い方が変わっていきました。

「仕事は大好き。でも、家族や友達、自分の体調とか、ほかにも大切にしたいものってあるんじゃないの？」

そう、考えるようになりました。

生きるとは、与えられた自分の命の時間を、なにに割くかということ。

お金の使い方を見直したように、時間の使い方も見直すようになったのです。

投資でお金に余裕ができると、残業代がなくても生活にゆとりが生まれます。

すると、会社にいる時間を減らすことができるようになりました。
そうして、次のように生活が変わっていったのです。

・夜23時に近所のスーパーに駆け込む生活→**自炊を中心にした食生活**
・コスパ重視のレストラン選び→**年に数回は一人3万円以上するディナーに**
・毎日、時間に追われてシャワー→**たっぷり1時間、大好きなお風呂に入る**
・仕事優先で友達と約束できない→**約束できるようになり、アフター5が充実**

定時で退社してアフター5を楽しめるように♡

・漠然と「恋人欲しいな」と思うだけ↓**知人の紹介で、恋人ができる♡**
・平日は仕事に追われて寝不足↓**睡眠時間をたっぷり確保**
・素敵な洋服やバッグを我慢↓**自分へのご褒美《ほうび》で、時にはハイブランド品を購入**

投資で生活に余裕ができると、笑顔が増えた♡

精神的にも肉体的にも余裕のある生活に変わり、顔色が格段に良くなりました。会社でも「明るくなったね」と言われる機会が増えていきました。

自分に余裕ができると、不思議なことに、仕事の質も向上していきました。前のように机の前で長時間うなることもないのに、短時間でおもしろい企画が浮かぶようになっていきました。

ゆとりのある生活でいろんな人に出会い、いろんな場所を訪れ、刺激や情報にあふれた生活を送っているからか、アイデアが湧いてくるようになったんです。

気がつけば、仕事漬けの生活を送っていたときよりも、ヒット商品を生み出せるようになりました。

♡投資で起こった変化④♡

受け身の人生に卒業！　夢を叶えられる自分になった

投資を始める前の私にとって、人生は会社に就職し、働いて、結婚して、出産して、定年を迎えるというものでした。

私の前には1本の決まったレールがあり、その上を走ってさえいれば、人生がうまくいくと思い込んでいたのです。

レールの上で不幸なことが起これば、原因は自分じゃなくて、誰かのせい。

「私は目の前のレールの上を走っていただけなのに……」と思っていました。

実際には目の前のレール以外にも、たくさんの道があるんですよね。

それなのに、以前の私は、ほかの道を見つける気がありませんでした。

仮にほかの道が見つかったとしても「レールから外れた別の道」を自分が歩くことなんて、絶対できないと思い込んでいました。


それが変わったのは、投資を通して、「人生は自己責任」だと学んだからです。

投資を始めてからよく目にするようになった「投資は自己責任」という言葉。

最初は「なんて冷たい言葉だろう」と感じていました。誰かが自分の決断の責任を取ってくれたら、こんなにラクなことはないのに、と。


でも、私たちには、自分で決める力がある。


その事実に、投資をする中で気がつきました。

会社員時代の生活では、「最後は上司が決めてくれる」「私の責任ではなく、組織の責任」というように、自分の責任でなにかを決めた経験が、あまりありませんでした。

自分の人生についても、目の前のレールを疑うことなく歩いてきたので、いつも自分ではない何かに決断を委ねている感覚がありました。

投資は自己責任、だから人生はおもしろい

投資の世界では、どんな銘柄を買うのかも、いつ株を売買するのかも、自分で決めなくてはなりません。

誰も責任を取ってくれないし、「これを買いなさい」「今、売りなさい」と指示されることもありません。

全部、自分の頭で考えて、自分で決めなくちゃいけないんです。

最初はそれがあまりにも不安で、頼りなくて、仕方がありませんでした。

「本当に自分で決めちゃっていいのかな」

「失敗したら、どうしよう……」

そんな不安を抱きながら、自分で考えて、答えを出していく——。

もちろん投資の初心者ですから、自分の決断が正しいことも、間違っていることもありました。予想もしない利益を出すこともあれば、「絶対、大丈夫」と確信した銘柄が想定外のニュースで暴落したこともありました。


結果に一喜一憂しながらも、私は少しずつ、「自分で決める」ことが習慣になっていきました。

投資を自己判断できるようになると、今度は人生のほかの部分でも、きちんと自分の頭で考えて決めることができるようになりました。

自分で決断するのが、投資の世界のルール

今晩、なにを食べるのか。
どんな人と付き合うのか。
パートナーに求める条件はなにか。
旅行や買い物はなにを基準に選ぶのか。
そして、自分はどう生きたいのか――。

目の前の小さな決断から、人生を左右する大きな決断まで、どんなことだって自分で決めることができる！　自分で決めて、選ぶ力が備わっている！

そんな当たり前のことに、心から感動したんです。

私の人生は、私が決める！

そもそも、私は「敷かれたレールの上を歩いている」と思い込んでいたけれど、そのレールを選んだのは自分自身でした。

大学卒業後、新卒で電機メーカーに入ろうと決めたのも、ずっと憧れていた会社に転職を決めたのも私です。

仕事三昧の生活を送ることも、それを通して「いい商品を作ろう」と決めたのも自分でした。

それなのに、私が自分らしい人生を歩んでいると思えなかったのは、これまでの決断を「自分で決めた」と自覚していなかったから。

人は、「自分で、自分の道を決めている」という自覚を持つだけで、人生に対する向き合い方が変わってきます。

投資を始めてからようやく、「自分で決めている」「自分の人生を歩んでいる」

と自覚できるようになりました。

私の人生は、私が決める。


以前よりも、自分の可能性を信じられるようにもなりました。

すると、おもしろいように人生が好転し始めたのです。

・自分らしくいられる最高の恋人が現れて、結婚
・商品企画の仕事ではヒット商品を連発し、社内で表彰される
・独立後は、たった2年で500人の素敵な受講生に恵まれる

仕事もプライベートも、心から望んだ人生を送れるようになりました。

魔法のような変化は、私だけに起こったわけではありません。

私の運営する資産運用スクールのハナミラには、かつての私と同じように、めくるめく変化を遂げた女性たちがたくさんいます。

投資を自分の人生に取り入れて、「自分で決める」人生を歩むこと。

そうして、どんどん夢を叶えていくこと。

私やハナミラの受講生に起こった変化を、読者のみなさんにも体験してもらえるように、この本では株式投資のスキルをお伝えしていきます。

株式投資の「誤解あるある」を解消！ どんな女性だって、投資家になれる

本書をここまで読んで、「投資っておもしろそう」と思った人も多いのではないでしょうか。

それでも、最初の一歩を踏み出すのは不安がつきまとうものです。

ご安心ください♡

私が運営する資産運用スクール、ハナミラの受講生の7割は投資初心者です。最初から「自分なら絶対できる！」と思って説明会に来てくれる人はほぼゼロ。

「ハードルが高いな」と感じるかもしれませんが、投資について体系的に学んでから始めれば、決して難しいものではありません。

投資といってもいろいろな種類がありますが、私が初心者にオススメしている

のは、株式投資。

なぜなら、株式投資にはあらゆる投資の本質が詰まっているからです。

大きなリターンを狙うこともできるけれど、特別な才能は不要。

働く女性のライフスタイルに取り入れやすく、その気質にも合いやすい。

それが、株式投資です。


「はじめに」でもお伝えした通り、数字に強くなくても、金融の専門知識がなくても、株式投資はできます。

普通の女性でも挑戦できるのが、株式投資なのです。

そう力説すると、みなさん最初は半信半疑の表情になります。

そこで、ここからは多くの人が抱いている株式投資に対する間違った思い込みを解消していきたいと思います。

♡間違った思い込み①♡

× ずっとパソコンに張り付いていないといけない
○ 1日10分、スマホで株価をチェックするだけ

メディアに登場する個人投資家というと、パソコンの画面を6枚くらいつなげて、いろんな情報を表示しながら取り引きをしている姿を思い浮かべるかもしれません。

そんな様子から、「投資をするなら一日中、パソコンに張り付いていないといけないんだ」と思った人もいるのではないでしょうか。

確かに、長時間パソコンの画面と睨めっこをして取り引きをする人もいます。

ただ、そういった人は専業で株の売買をして

株式投資にかける時間は1日10分だけでOK

いるトレーダーの方々です。

私たちは、そこまでする必要はありません。

好きな企業の株を見つけて投資をするだけなら、慣れると1日10分で大丈夫。

四六時中パソコンと睨めっこしなくても、スマホ1台あれば十分です。

むしろ良い会社に投資しているときは、企業が勝手に成長してくれるので、投資をしている人はなにもすることがなくなって、暇になります。

そう考えると、株式投資は仕事や家事・育児で忙しい現代の女性のライフスタイルにピッタリなんです。

♡間違った思い込み②♡

×　銘柄探しには、難しい経済知識が必要
○　難しい経済知識がなくても大丈夫♡

私自身、自分で株式投資を始めるまでは、投資家というと毎日、日経新聞や経済ニュースをチェックしているイメージがありました。

でも、これは大きな誤解です。

確かに、新聞を毎日読む習慣があれば、そこで得た情報を投資に役立てることができます。経済ニュースを読めるなら、読んだ方がチャンスは広がるでしょう。

ですが、実際に経済を動かしているのは、私たち一人ひとりの日々の消費活動や、企業の事業活動です。

「事件は会議室で起きてるんじゃない！　現場で起きてるんだ！」

こんな名言がある通り、経済は、新聞やニュースの中で動いているわけではな

いんです。

難しい情報を追いかけなくても、私たちの日々の生活の中に、投資のヒントはたくさんあります。

それも経験上、初心者の間は、身の回りの出来事をきっかけに投資を始めた方がうまくいきます。

上場企業の情報を網羅した分厚い冊子『会社四季報』（東洋経済新報社）も、投資家ご用達の一冊とされています。

もちろん、四季報だって読めるに越したことはありません。

でも、投資を始めたばかりのころは、四季報を開いても細かい文字の羅列に圧倒されるだけになります。

実際、私も投資を本格的に始めてから最初の10カ月くらいは、四季報がさっぱり読めませんでした。それでも利益は出せていましたから、最初から無理しなくても大丈夫です。

♡間違った思い込み③♡

× 株式投資はギャンブル！ 関わっちゃダメ
○ 株式投資は企業の推し活、楽しもう

株式投資の誤解で多いのが、「株はギャンブル」というものです。

これも誤りで、適切な考え方をベースにして実践する投資は、ギャンブルではありません。

もし初心者がなにも学ばず、根拠もなく、投資をするならギャンブルです。

でも学んで根拠を持って投資をするなら、それは社会活動になります。

株式投資は、世の中を良くする商品やサービスを提供する企業を、株を買って応援する行為。

企業を応援しながら、その企業の成長を通して自分もリターンを得られるので、一石二鳥になります。

良い企業に投資してその企業が発展すれば、それは社会を良くする活動に加

わったということ。社会に貢献しながら資産を増やす、ということでもあります。

♡間違った思い込み④♡

× 株式投資はお金持ちじゃないとできない
○ 少額でもOK！ 10万円から挑戦できる

投資は、お金持ちだけができると思っていませんか？

私も初めはそう思い込んでいました。

お金持ちの中には、自分で資産を築いてから投資を始めた人もいますが、株式投資を通してお金持ちになった人もたくさんいます。

後者のタイプは、きっと株式投資に挑戦するくらいお金に対する意識が高かったからこそ、資産を築けたのだと思います。

株式投資は決して、お金持ちだけに許された行為ではありません。

実際、10万円以下の金額で買える株は、思ったよりもたくさんあります。

特に株式投資の初心者は、どの金額までなら、自分が冷静さを保ちながら投資ができるのかという目安が分かりません。

だからこそ、最初は少額からスタートして、徐々に金額を増やしていくことを、私はオススメしています。


実は私も投資初心者のころ、調子に乗って貯金の大半を、ある会社の株に投じたことがあるんです。

株価が下がったらどうなるのか――。

いつもハラハラして、まったく仕事が手につきませんでした。

しかも、株価が上がっても緊張で自分が保てなくなってしまいました。

結局、その投資は、冷静な判断ができな

株式投資は10万円からでも
始められる♡

いまま損失を出して終わりました。

今振り返ると、当時の私にとっては分不相応な金額を扱っていたんだと分かります。

今は、初心者のころの数十倍の金額を扱っていますが、経験や自信を積み重ねてきたので、ストレスなく投資を楽しむことができます。

ハナミラの受講生も、最初は10万〜30万円くらいから投資を始めています。

もしあなたが「もっとお金を貯めてから挑戦したい」と考えているなら、それはオススメしません。

どうせ最初に使うのは、持っているお金のほんの一部なのですから。

であれば、さっさと少額投資から始めて慣れていく方が、資産を築くスピードは速くなるはずです。

投資を実際に始めると、お金に対する意識も変わりますから、自然と手元にお金が残りやすくなりますよ。

なんのために株式投資を始めるの？夢を描くことがファーストステップ

さあ、株式投資を始めましょう！
といっても、その前に一つだけすべきことがあります。

あなたは、なんのために株式投資を始めるのですか？

この問いに対する明確な答えを、自分の中に用意することが大切です。
目的を明確にする理由は２つあります。

1つは、目的が明確になれば、幸せな気持ちで投資を続けられるから。
株式投資もお金も、私たちの人生をすばらしいものにするための手段でしかありません。特に女性は、お金そのものが目的になると、なかなか行動できなくなってしまいます。

多くの女性が求めているのは、お金を使って何かを体験したときに抱く感情です。だから「目指せ！　100万円」という目標だけだと、苦しくなるんです。

「なぜ、株式投資を始めるのか」

答えはどんな理由だって大丈夫！

「月に1回は数万円のコース料理を食べに行きたい！　おいしくて大満足」

「お金を気にせずに推し活を楽しみたい。心が潤ってエネルギーが湧く♡」

「夏休みに家族で海外旅行を楽しみたい。家族との思い出ができて幸せ！」

「旬のハイブランドのバッグが買いたい。使うたびにうっとり♡」

「3年後にはマイホームを建てたい。家族そろって毎日心地いい生活」

「子どもの受験費用に使いたい。子どもの可能性が広がってワクワク☆」

「5年後に海外に留学したい。夢を叶える自分の姿にドキドキ」

目的は、なんだっていいんです。

明確に夢を描くことが、幸せに投資を続ける秘訣になります。

目標があれば、途中で投資をやめたりしない

人生に夢があることはとても幸せなことですよね。

投資の世界では時々、「私たちが老人になったころには、年金なんて出ないんだから投資をしないとやばいよ！」とか「銀行にお金を預けたままで増えることはない。投資しないなんてバカだ」といった言葉を聞くことがあります。

ただ、どんなに怖い話を聞いても、私は行動に移すことができませんでした。投資を始める前は、金銭的な余裕がありませんでしたが、あおられても、不安に突き動かされて投資を始めたいとは思えなかったのです。

そうではなくて、あなたがワクワクする夢をゴールにして、それを叶えるための手段として株式投資を始めること。

目的があれば、投資を続けるモチベーションにもなりますし、幸せな気分で投資を楽しむこともできるようになります。

そもそも、投資で一番もったいないのは、途中でやめてしまうことです。

続けてさえいれば、いつかチャンスは巡ってきます。

でも途中でやめてしまうと、チャンスを掴むことができません。

投資をやめなければ、時間をうまく利用することで資産を雪だるま式に増やすこともできます。

続けるためにも、本当に叶えたいと思える夢が必要なのです。

あなたは、どんな夢を叶えるために株式投資を始めますか？

夢が明確になれば、投資のスタイルも決まる

目的がはっきりすると、株式投資のスタイルも決まってきます。

例えば、5年後にマイホームを建てるためのお金を投資で得たいと考えていたとします。それなのに、20年間の積立投資信託を選んでも、間に合いません。

具体的な目的を掲げると初めて、それを叶えるための手段が見えてきます。


あなたは、どんな人生を歩みたいですか？

自分に正直になることが、お金や投資とうまく付き合うためのコツです。


自分のやりたいことを第一に、人生設計を考えることはとても大切です。

そもそも、多くの人がお金の勉強をつまらないと思うのは、人生を型にはめて考えようとするからです。

「A社で働くと年収〇〇〇万円。住宅ローンはいくら借りられるから、どのくらいの家が買える」「結婚式の費用は平均〇〇万円」――。

確かに、目安があると便利です。

でも、結婚式一つとっても、海外挙式か国内挙式かによって金額は雲泥の差。

自分にとって大切なライフイベントだと思うならたくさんお金をかければいいし、あまり重要でないと思うなら家族の食事会だけで済ませてもいいんです。

それなのに、目安となる金額ばかり気にしていると、まるで「あなたの人生はこれくらい」と決められているような窮屈《きゅうくつ》な気持ちになってしまいます。

これでは、お金の勉強が好きになるはずはありません。

投資の魅力は、現在の仕事の収入から逆算して将来のために貯蓄をするような計算式にとらわれることがなくなることにあります。

投資を始めれば、もっともっと欲張りに、自分の未来をデザインできるようになります。

投資もお金も、夢を叶えるための手段です。

あなたは、どんな夢を叶えたいですか。

そう自分に問いかけて、伸び伸びと人生を設計してみましょう。

自分の夢や生き方が明確であるほど、目的を見失うことなく、株式投資を楽しく続けることができます。

ぜひ、今日から自分らしい未来に向けてスタートを切ってください。

ライフスタイルに合わせて自分に合う投資方法を選ぼう

本書では株式投資について学んでいきます。
ですが、世の中には株式以外の投資もたくさんあります。
どんなタイプの人にはどんな投資スタイルが合うのか、整理しておきます。
①目的、②ライフスタイル、③受け入れられるリスク、という3つの観点から、自分に合う投資スタイルを決めていきましょう。

夢を叶えるには、どんな投資スタイルがいい？

繰り返しますが、投資はあなたの夢を叶えるための道具でしかありません。

夢を叶えられる投資スタイルを選ばなくては、本末転倒になります。

ハナミラでも、「投資信託などの積立投資と、個別の会社に投資をする株式投資のどちらがいいですか？」という質問を受けます。

私は「どちらも挑戦すればいい」と答えています。

ただ、目的に合わせて考えることは大切です。


積立投資は、20年後など長いスパンで考えた未来のためにはオススメです。

例えば年利5％で毎月の積み立てを20年間続けると、非課税の制度を使えば、元手資金をおよそ1・7倍にできます。

一方、特に何もせずに銀行の預金口座に20年間、お金を預けっぱなしにしてしまうと、年利が0・001％だとすると、元手資金は税引前でたったの1・0002倍にしかなりません。100万円を20年間預けても、たった200円のプラスにしかならないのです。

もちろん銘柄選びは大切ですが、投資信託などの積み立てを長期間続けることは、なにもしないよりは、将来の資産形成に有効と言えます。

ただしこれは、20年などの長い間続けることで得られるメリットです。

もしあなたが、投資で得た利益で日常のちょっとしたぜいたくを楽しみたいと考えているなら、積立投資は不向きです。目的と手段が合っていませんから。

株式投資の魅力は、1年後や3年後など、比較的近い未来を豊かにできるところにあります。

例えば50万円の資金を持つ人が、1年で株価が2倍になる銘柄を見つけて投資すれば、プラス50万円の利益を得ることができます。

うまくいく年も、うまくいかない年もあるでしょう。

でも、適切に続けていけば、比較的短期間で資産を大きく増やすことができます。それが株式投資です。

コツコツと将来の資産を積み立てたいし、近い未来も豊かにしたいと思う人も、きっと多いはずです。

それなら、どちらも実践すればいいのです。

１日10分で済ませたいなら株式投資が便利

投資方法を選ぶときに注目したいのが、あなたのライフスタイルです。自分の生活に無理なく取り入れることができて、継続できるか。このポイントを軸に、投資方法を選んでいきましょう。

投資を始めたばかりのころは、勉強することもたくさんあります。そのため、どうしても時間はかかってしまいます。

ですが、一度初心者の壁を乗り越えたら、あとは自分の生活に最も合う投資スタイルを選ぶことが、長く続ける重要なポイントになります。

多くの人が最初は投資に使えるお金のことだけに気が向きがちになります。

でも実際には、軍資金と同じくらい貴重なのが、あなたの時間です。

仕事や家事、育児、家族との時間、趣味の時間……。

人生には投資以外にもすべきことがたくさんあります。

初心者の場合、自分がどれくらいの熱量と時間を割いて投資を続けていけるのか、最初はあまり分かりません。

ハナミラで教えている株式投資は、慣れてくれば、1日10分でOK。

投資する銘柄を見つけて、長く付き合うという前提で株を買い、1日に10分株価をチェックする。

たったそれだけなので、いつも通りの生活を送りながら楽しく続けられます。

どこまでのリスクなら受け入れられる？

「投資にはリスクが伴う」という言葉があります。

そう聞くと、なんだか投資が危険なものだと感じるかもしれません。

ただ、投資の世界ではちょっとリスクのニュアンスが違うんです。

リスクとは、「不確実性」ということを意味します。

リスクが低い投資というのは、不確実性が低い投資ということ。投資した金融商品の価格が上下に変動する幅が狭いことを指します。

代表的な例だと、銀行預金があります。銀行の預金は原則、元本が減ることはありませんよね。でも、同時に元本が一気に増えたりすることもありません。

株式投資は、あなたが買った銘柄が値下がりすることもあれば、値上がりすることもある。あなたの資産は減ることもあるし、増えることもあります。こうした変動幅が広いものを、投資の世界では「リスクが高い」と表現します。

リスクとリターンは比例します。低リスクの投資商品はリターンが低く、高リスクの投資商品はリターンが大きいのです。

自分の価値観と照らし合わせて、どれくらい資産を増やしたいのか、どのくらいの資産の変動なら受け入れられるのかを、考えてみましょう。

株式投資を始める前には、それが自分の夢やライフスタイルに合っているのか、受け入れられるリスクとリターンのバランスをしっかりと確認しましょう。

その上で始められそうなら、いよいよ、次の章からは、あなたの夢を叶える株式投資の具体的なレッスンに入ります。

さあ、あなたの夢を一緒に叶えていきましょう！

第2章

株式投資は恋や推し活と同じ

株式投資と恋や推し活には共通点があった！
応援する対象が企業に変わっただけ

最近では、〝推し〟や推し活という言葉を耳にすることが増えました。アイドルや俳優、アーティスト、二次元のキャラクターなど、〝推し〟の対象は実にさまざまです。

ライブ映像やバラエティ番組、YouTube上に配信された動画など、いろんな方法で〝推し〟のコンテンツを楽しんだり、〝推し〟に思いをはせることで活力をもらったりしている人も多いはずです。

ライブに行ったり、グッズを集めたり、仲間と語り合ったりして、推し活を楽しんでいる人もたくさんいますよね。

〝推し〟がいるだけで、日々の生活に活力が湧き、楽しみが増える。
マンネリ化した生活から抜け出し、人生に彩りが加わっていく――。

推し活が楽しいのは、好きな相手を全力で応援できるからです。

〝推し〟の夢に共感し、エールを送りながら、夢が叶うのを応援する。


〝推し〟を応援することで、私たちの生活も心も、豊かにしてくれる。

こうした循環は、株式投資にも共通しています。

推し活と株式投資にはこんな共通点がある

株式投資というと、無機質なイメージがあるかもしれません。

株価（株の1株当たりの価格のこと）を見て買ったり売ったりするわけですから、冷たい数字の世界で判断することが株式投資だと思っていませんか。

でも、少し待ってください。

株式投資は、企業の株を買うという行為です。

企業というものは、社会に対してなんらかの事業を営んでいます。

「世の中を良くしたい」「人に喜ばれたい」と思った誰かが、なにかの事業を始めて、理想の社会を実現するために、その営みを続けている。それが会社です。

企業が手がける事業を通して、私たちの困りごとが解消されたり、幸せな生活を送れたりするようになっています。

企業は、私たちが生活している社会の一部なのです。

株式投資とは企業の推し活のこと♪

数字の奥には、私たちの営みがある

それなのに、株式投資と聞くとつい、企業をただの数字で捉えてしまいます。ずらりと並ぶ銘柄と株価を見ながら、不慣れな数字と睨めっこして、良い投資先の企業を見つけようとするのです。

株価だけ見ていれば、それはただの数字の羅列でしかありません。

でも、その数字の奥には企業の営みがあり、そこで働く一人ひとりの従業員と、彼ら・彼女らによって生み出された商品やサービスがあり、それを受け取り、喜んでいる人や社会があります。

企業が営む事業とは、そこで働く一人ひとりの仕事が集まったもの。

同時に、企業の生み出した商品・サービスを受け取る私たち一人ひとりの経済活動でもあります。

企業の経営者と従業員が一生懸命働いて、その仕事が人を喜ばせたり、人の困りごとを解消できたりすれば、その事業は成長し、会社は利益を生み出し、株価は上がっていきます。

逆に、その会社の事業が社会に受け入れられなければ、事業は成長できず、会社の売り上げは落ち、経営が苦しくなって、株価は下がります。

つまり株価とは、単なる数字ではなく、人々の営みの結果なのです。

そう考えると、少しは企業や株価を身近に感じられるようになりませんか。

好きな会社を応援することが株式投資

その中で、じっくりと企業を調べていくと、次のように思うようになります。

「この会社のサービス、好きだな」

「この会社の理念に共感するな」

「この会社の社長、かっこいいな」

それぞれの企業が持つ魅力が見つかってきます。

好きなポイントがいくつか重なってくると、今度はそれが〝推し〟の企業となっていきます。

〝推し〟企業が見つかったなら、あとは推し活と同じ。

自分の好きな企業を応援することだって、推し活です。

それも、株式投資による企業の推し活には、大きなメリットがあります。アイドルグループの推し活と同じように、好きな対象にお金を投じ、幸せな気持ちになれるだけじゃなくて、場合によっては、自分の資産も増やすことができるのです。

あなたが自分の感性で発掘した〝推し〟の企業にエールを送り、株を買うことで、会社の発展や商品・サービスの拡大をワクワクしながら見守りつつ、同時にあなたの資産もしっかりと増やせる。素敵ですよね。

価格と価値の関係を理解しよう

投資をするときに理解しておきたいのが、価格と価値の関係です。株に限らず、どんな投資をするときも大切な考え方なので、理解しましょう。

突然ですが質問です！

1000円のスカートと100万円の婚活塾、どちらが安いと思いますか？

きっと、多くの人が1000円のスカートの方が直感的に「安い」と感じたのではないでしょうか。では、前提を変えてみましょう。

1000円のスカートと、絶対に理想の相手と結婚できる100万円の婚活塾、どちらが安いと思いますか？

悩ましいですよね。婚活塾に心が動いた人もいるのではないでしょうか。

金額は100万円と高いけれど、もしそれで絶対に理想通りの相手と結婚できるなら、決して高いとは言えない投資ですよね。

1つ目と2つ目の問いで、100万円の婚活塾の価値は大きく変わりました。金額は変わっていないのに、「得られるもの」によってあなたの評価が変わったのです。これが、価格と価値です。

「価格」とは、私たちが何かを買うときに支払うお金のこと。
「価値」とは、私たちが何かを買ったことで得られるもののこと。

価格は1000円なら1000円、100万円なら100万円で、数値的には誰にとっても違いはありません。

しかし、価値は、人によって異なります。

どんな相手に出会えるのか、結婚できるのかも分からない婚活塾に100万円払うのは「高い」と感じても、絶対に理想通りの相手と結婚できる婚活塾に支払う100万円は「安い」と感じる――。

同じ金額でも、得られる価値によって、人は「高い」「安い」と評価します。

「価格＝価値」ではなく、「価格」と「価値」の間にはギャップがある。

投資を始めると、普段からモノの価値を見るようになります。

逆に投資を知らないと、モノの価格だけを気にするようになります。

「価値観」という言葉がありますが、価値は目に見えません。

価格で判断するのではなく、目に見えない価値を意識することが、投資マインドを育む第一歩となります。

私もあなたも会社のオーナーになれる 株式の仕組みを知ろう

私がこの本でオススメする株式投資。

この株式というものの仕組みについて簡単に解説します。


株を買うことで、あなたはその企業のオーナーになることができます！


そう言われたら、あなたはどう感じますか。

もしかすると、少し驚くかもしれませんよね。

普通に生きていると、「自分が会社のオーナーになる」なんてあまり想像もしないはずです。

でも、株を買ったら、あなたは企業のオーナーになるのです。

株主（オーナー）は経営に意見を言うことができる

株式とは、企業が自分たちの会社を発展させる目的で資金集めのために発行されるもの。

私たちは企業が発行する株式を買うことで、その企業のオーナー、つまり株主になることができます。

でも、オーナーだから会社を好きなようにできるというわけではありません。あくまでもその会社が発行している株式のうちの、購入した株数の分だけオーナーに名を連ねるという、共同オーナーの形です。

その会社の事業が成功してたくさんの利益が出たら、オーナーは利益の一部を配当としてもらうことができます。

「株主総会」という、会社の重要な事柄を決める大きな会議の場にも出席することができ、この株主総会を通じて、株主（オーナー）であるあなたの意見を、会社の経営に反映させることもできます。

ある会社の株式に投資をするということは、その企業のオーナーになること。

あなたは、どんな会社のオーナーになりたいですか。

たくさんの利益を出して配当してくれたり、素敵な事業で社会をより良く変えてくれたりする、〝推せる〟会社の株主（オーナー）になりたいと思いませんか。

自分が好きな商品やサービスを提供する会社も、株主（オーナー）になったら気分が上がりそうです。

「株主（オーナー）になりたい！」と心から思える会社に投資をしましょう。

目的に合わせて選ぼう！投資で利益を得る3つの方法

株式の大前提を学んだら、次は株式投資で利益を出す方法について解説します。
株式投資で利益を得るには、大きく3つのパターンがあります。
あなたの目的に合わせて、選びやすいものを選択してください。

♡株式投資で利益を得る方法①♡

大きく稼ぎたいなら「値上がり益」を狙っていこう

株式投資と聞いて、イメージする人が一番多いのが「値上がり益」です。
株を、買った価格よりも高い価格で売ることで利益を得る方法です。

■「値上がり益」の仕組み

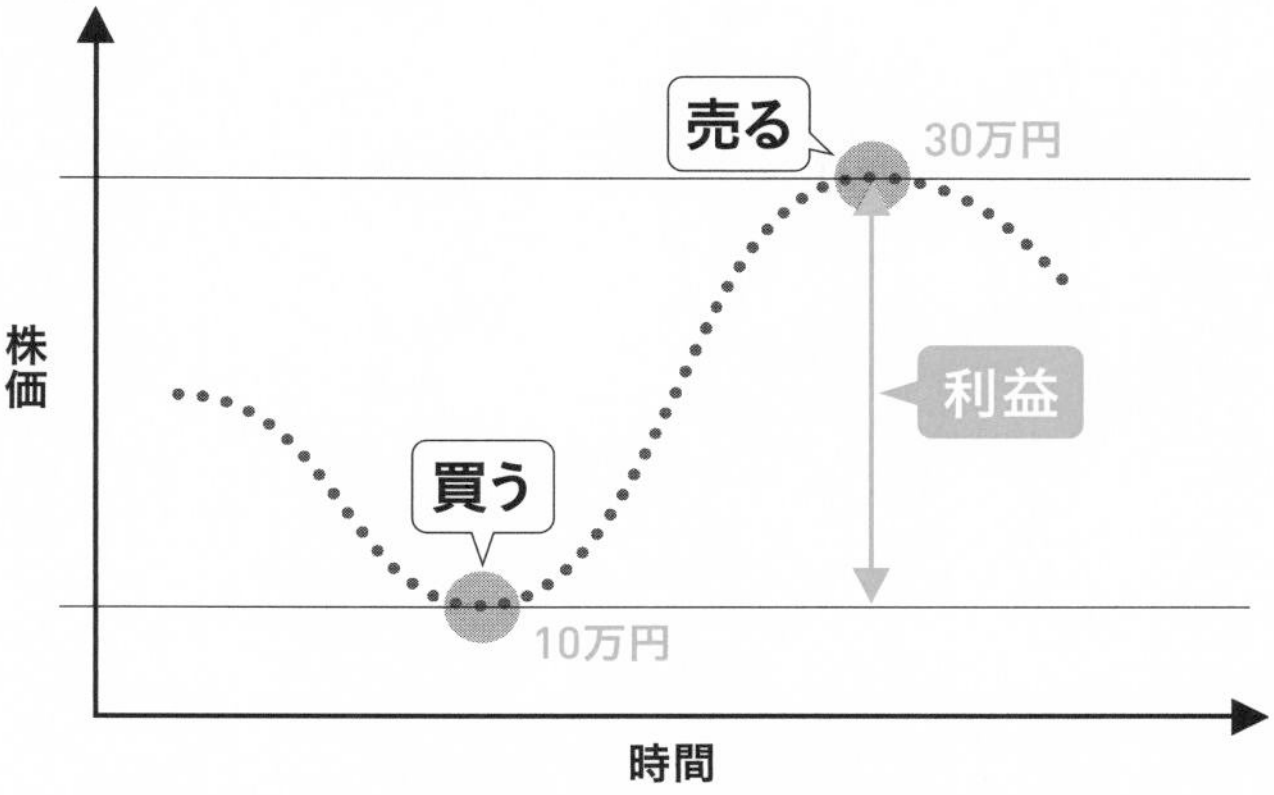

株価が安いタイミングで購入し、高いときに売ると利益が出る

例えば、10万円で買った株が値上がりし、30万円で売ることができれば、20万円分の値上がり益を得られます。

値上がり益は、「キャピタルゲイン」とも言われます。

株を安く買って高く売るというシンプルな行為で、銘柄をしっかり選べば、大きな利益を得ることができます。

「株で大きく資産を増やした」という人は、この値上がり益で成功しています。

また、少額から資産を増やす場合にも、値上がり益を得られるような株式投資をすることが第一歩となります。

株の中には、年に2～3倍、場合によっては10倍くらいになる銘柄もあります。資産を増やすことを目的として株式投資をするなら、値上がり益が出る銘柄を選ぶことが大切です。

♡株式投資で利益を得る方法②♡

株を持っているだけでもらえる「配当」

もともと株式投資は、会社に投資をして、利益が出たら株主がみんなで分配しようという発想で生まれた仕組みです。

この、会社の利益を株主に分配することを「配当」と言います。「インカムゲイン」とも呼ばれます。

配当の金額は、「1株当たりいくら」と株主総会で決まります。

会社によって得られる配当は変わります。たくさん利益を生み出し、その利益をしっかりと株主に分配してくれる会社ほど、株主の配当は大きくなります。

株式投資を始めると、「配当利回り」という言葉をよく耳にするようになります。

これは、購入した株が1年間でどれだけの配当を生み出すかという数値のことです（会社の業績によって変動しますが、配当利回りが高いからといって良い会社というわけではないので注意しましょう）。

例えば、有名な消費財メーカーの花王は、2023年2月時点で予測される配当利回りが2・91％でした。これは、例えば花王の株を100万円分買うと、1年で2万9100

企業が利益を出せば、
利益に応じてもらえる
お金が配当

円の配当をもらえる、ということです。

株式投資では、株価が上下するので単純な比較は難しいのですが、それでも大手銀行の定期預金の平均的な利回りは0・002％しかありません。

100万円を預けても20円しか利息をもらえないことを考えると、配当の利回りは圧倒的にお得ですよね。

特定の企業の株を持ち続けていると、企業からの配当金が定期的にもらえます。一度株を購入したら特になにもすることなく配当が入るので、手間のかからない投資と言えます。

ただ、いくら手間がかからない投資だとはいっても、株価は常に変動します。企業の業績が悪化すれば、株価が下がり、配当も減る可能性があります。決して手放しでできる投資というわけではないので、投資した銘柄の動向は常にチェックしておきましょう。

♡株式投資で利益を得る方法③♡

企業からのプレゼント♡　それが「株主優待」

「株主優待」という言葉を聞いたことがありますか？

株主優待とは、簡単に表現するなら、企業が株主に送るプレゼントです。

例えば、東京ディズニーリゾートを運営するオリエンタルランドの株を持っていると、株数に応じて、東京ディズニーランドのチケットなどをもらうことができます。とてもうれしいプレゼントですよね。

食品やレストランの株主優待などは、投資家の間でも根強い人気があります。特に自分が気に入っていたり、普段使っていたりする企業の商品・サービスが株主優待で利用できると、よりその会社に愛着が湧いてきます。

私の周りの女性は、株主優待目的で、ある化粧品メーカーの株を持っています。

株主優待では高級化粧水が送られてくるそうで、とても喜んでいます。

あるママさん投資家は、子どものスタジオ撮影ができる株主優待だけを目的に、写真スタジオの株を持っています。

このように、自分の叶えたいことが株主優待と合致しているなら、株主優待目的の投資も一つの選択肢になります。


本書では、夢を叶える手段としての株式投資の方法をお伝えしています。

夢を叶えるための資産を作るなら、大切なのは手元のお金をなるべく早く、効率的に増やせる、値上がり益が期待できる銘柄が必要です。

そのため、本書では値上がり益を重視した銘柄選びについて、解説します。

食品やチケット、化粧品や割引券など、さまざまな株主優待が♡

あなたの夢を叶えるのは、値上がり益？　それとも配当？

投資方法を選ぶ場合は、必ずあなたの投資の目的に立ち返るべし、とお伝えしてきました。株を買うときも、目的と合った方法を選ぶべきです。

あなたの夢を叶えるには、一体、どのくらいのお金が必要なのでしょうか。

また、夢の実現のために投資に回せるお金はどのくらいあるのでしょうか。

これらを基準に投資の方法を選んでいきましょう。

例えば、今、あなたの手元に投資に回せる資金が１００万円あるとします。そして、年４万円のお金があれば夢を叶えられるなら、配当利回り４％の株に投資をして、４万円の配当金をもらえればいいでしょう。

一方、「憧れのハイブランドのバッグを買いたい」「両親を高級料亭に連れていきたい」「海外の大学院に行きたい」などと思っている場合は、年に数万円の配当金では足りないでしょう。

手元に100万円の資金があるなら、それを2倍にしてくれる見込みのある株に投資をして、値上がり益を狙った方がいいですよね。

もしあなたが、すでに大きな資産を築いていて、1億円を投資に回すことができ、資産を増やすよりも不労所得を得たいと考えているなら、1億円を配当利回り4%の銘柄に投資して、400万円の配当金をもらうのも良いでしょう。

でも、手元の1億円をもっと増やしたいなら、値上がり益を狙うのが得策です。

ハナミラの受講生は10万~30万円、多くても100万円前後という手元資金で株式投資を始めます。

叶えたい夢をたくさん持っている人が多いので、まずは値上がり益を狙い、〝推し〟の会社に資金を投じながら、少しずつ資産を増やしていきます。

投資をする目的と自分の資産規模を見極めて、値上がり益を狙うのか、配当を狙うのかを考えましょう。

メルカリと同じ仕組みで株価は上がっていく

株価は、どのように決まるのでしょうか。

株価が上がる理由はとてもシンプルで、「その株を買いたい人が、その株を売りたい人よりも多いから」です。

逆に株価が下がる理由は「その株を売りたい人が、その株を買いたい人よりも多いから」。

つまり株価は、需要と供給のバランスで決まります。

ライブのチケットを例に考えてみましょう。

人気アイドルグループのライブに行きたいと思ったら、まずはチケットの抽選に応募しますよね。でも、抽選に外れたら、今度はチケットの流通サイトから購入しようとするはずです。

そのアイドルグループの人気が高ければ、定価1万円のチケットが、それよりも高い価格で取り引きされることも珍しくはありません。人気絶頂のグループだと、10倍以上のプレミア価格になることもあります。

定価の何倍もの金額で取り引きされているのは、このグループのライブに行きたいという人が圧倒的に多いからです。

欲しい人（需要）はあるのに、それに応えるだけのチケット枚数（供給）がない。需要と供給のバランスで需要が強いと、チケット価格は高騰します。

逆に、このアイドルグループにスキャンダルがあって人気がガタ落ちしたとします。ライブのチケットを買ったけど、もう行きたくない。そんな人が増えるとどうなるでしょうか。

チケットの流通サイトでは、チケットを欲しい人（需要）以上に、チケットを売りたい人（供給）が増えて、チケットの価格は暴落します。

需要と供給のバランスで供給が強いと、チケットの価格は落ちていきます。

メルカリの売買と同じように、株価も動いている

需要と供給のバランスが、モノやサービスの価格に影響を与える。

この現象は、メルカリを見てもよく理解できるはずです。

メルカリでは、多くの人が欲しがる商品や販売数が少なくて珍しい商品は、高値で取り引きされます。

逆に、あまり人が欲しがらない商品や、販売数が多くてどこにでもあるような商品は、値段が下がりやすくなります。

株式市場でも、これとまったく同じことが起こっています。

株を買いたい人（需要）と売りたい人（供給）を比べたとき、買いたい人（需要）の方が多ければ株価は上昇します。

買いたい人（需要）と売りたい人（供給）で、売りたい人（供給）の方が多くなると、株価は下落します。

株の価格は、需要と供給のバランスで決まっているのです。

みんなが欲しいと思うものは価値があるものなので需要は強くなります。

ただ、同時に供給が多ければ、価格は下がっていきます。供給が少なければ、価格はどんどん上がっていきます。

株価も同じ。買いたい人と売りたい人の数で決まる。覚えておいてください。

株価が上がる仕組みは、人気のアイテムがメルカリで高く売れる構造と同じ

アマゾンや楽天市場でポチッと通販同じ感覚で、株を買ってみよう！

ここまでの内容をおさらいすると、次のようなことをお伝えしてきました。

- 株式投資は推し活と同じである
- 資産を増やしたいなら、値上がり益を狙う
- 株価のアップダウンは需要と供給のバランスで決まる

こう整理すると、株式投資はそんなに難しいものではない気がしてきませんか。
ただ、それでも株を買うとなると、心理的なハードルを感じている人がまだいるかもしれません。

安心してください。株を買うのは、実はとっても簡単なんです！

慣れてくれば、アマゾンや楽天市場でぽちっと買い物をするのと同じ要領で、10秒もあれば買えるようになっていきます。

株を買うときに決める要素は、大まかに言うと4つあります。

①どの銘柄を買うのか
②いくらで買うのか
③いくつ買うのか
④いつ買うのか

このポイントは、ネットショッピングとほぼ変わりません。

それも証券会社に口座を作って事前にスマホにアプリをダウンロードしていれば、アプリを操作するだけで、4つの項目を指定するのはあっという間。

どの銘柄を、いくらで、いくつ、いつ買うのかをアプリに入力しておけば、条件が合えば、自動で株を買ってくれます。

操作も簡単ですから、普段からネット通販を利用している人なら、同じように株を買えます。

証券会社の口座開設も、申し込みは10分もあれば完了します。

ハナミラの受講生に人気の口座は、楽天証券やSBI証券、マネックス証券などのインターネット証券会社。

口座を開設するだけなら、お金もかからないことが多いです。

慣れてくると、使い勝手などに合わせて複数の口座を使い分ける人もいます。

口座を開くことができたら、いよいよ銘柄を買う準備が整いました。

ネット通販のように、軽やかに株を買ってみましょう！

ネットショッピングを楽しむ感覚で、株も買えます

株を買うために必要な4つのポイント

前述した通り、株を買うには、事前に決めておかなくてはならない4つのポイントがあります。

①どの銘柄を買うか
②何株買うか
③購入価格を指定するのか、しないのか
④その注文をいつまで有効にするか

いずれも、実際に注文を出すときには決めておかなくてはならない事柄です。

①の具体的な銘柄選びについては、第3章以降でしっかりとお伝えします。

どんな銘柄を買いたいのかが決まったら、②③④を固めていきましょう。

何株買うのかは、大切なポイントです。

基本的に、日本の株はセット売りされています。1株単位で自由に購入するのではなく、100株単位で注文する必要があるのです。

「株価×株数」が株の購入価格となります。

例えば、株価1000円の株を100株買うなら、「1000円（株価）×100株（株数）」で、10万円で株を購入することになります。

100株買うのか、200株なのか、もしくは1000株なのか。

何株買うのかを、あらかじめ決めておきましょう。

買いたい株の数が決まったら、次に考えたいのはいくらで注文するのかということです。

株の世界には「指値《さしね》」と「成行《なりゆき》」という2つの注文方法があります。

指値とは、購入したいと思う希望価格を自分で指定する注文方法のこと。

成行とは、購入したいと思う希望価格を決めない注文方法のことです。

指値のメリットは、購入価格を自分で決められることにあります。

ただし目当ての銘柄が希望の価格で売りに出ない限り、指定した価格で株を買うことはできません。

成行の場合は、基本的に注文を出せばそのまま株を購入することができますが、いくらで売買が成立するのか分からないというデメリットがあります。

少なくとも投資に慣れるまでは、指値で注文をすることをオススメします。

最後に考えるのは、注文の有効期限について。

自分で設定した有効期限を超えると、注文は失効してしまいます。

投資を始めたばかりのころは、「当日」と設定しておきましょう。

「板情報」を見られるようになろう

株式投資を始めると、必ず目に入ってくるのが「板情報」というものです。「板」とは、個別の銘柄について、価格ごとの買い注文と売り注文の状況が分かる一覧表のことです。

ネット証券で株の注文画面に行くと、必ず次のページにある図のような板情報が表示されます。

板情報を見れば、その銘柄を買いたい人の注文状況や、売りたい人の注文状況がひと目で分かります。

どの価格に、どれくらいの注文が入っているか。

どのくらい、売りたい人が多いのか。

それとも、買いたい人の方が多いのか。

■「板情報」の見方を覚えよう

売数量(株)	気配値(円)	買数量(株)
100	10040	
500	10030	
200	10020	
400	10010	
300	10000	
	9990	100
	9980	200
	9970	100
	9960	100
	9950	200

売りたい人の注文の列

買いたい人の注文の列

1万円で300株分の売りたい注文が出されている

9990円で100株分の買いたい注文が出ている

売りたい人や買いたい人が希望している株の値段を「気配値」と言う

「板情報」の数字を見ながら、需要と供給を見極めよう

こうした状況がひと目で分かります。指値を決めるときの参考情報として活用することもできます。

株を売買するときには、多くの投資家がこの板を見てから注文を確定させます。

株式投資における必須の情報です。

なお、この板には時々「S」や「特」といったマークが現れることがあります。「S」は「ストップ高」もしくは「ストップ安」の合図。

ストップ高やストップ安は、1日の株価の上昇や下落を一定の変動幅以内に制限するための制度。値幅制限とも呼ばれ、

1日の株価の変動幅に制限をかけます。

相場がストップ高やストップ安となった場合、その日はストップ高以上、もしくはストップ安以下の株価で株を取り引きすることができません。

株価がその日の値幅制限の上限まで上がることをストップ高と言い、株価はそれ以上は上昇しません。

反対に株価がその日の値幅制限の下限まで下落するとストップ安となり、株価はそれ以下に下落しなくなります。

「特」は、「特別買い気配」もしくは「特別売り気配」の意味。

特別買い気配と特別売り気配は、売り注文と買い注文、どちらか一方が殺到した場合に、両者の株数が釣り合うまで売買を成立させないまま株価を上げたり下げたりしていくことを指します。

「S」や「特」の印が出ると、株価が大きく動く可能性があります。注意しましょう。

なんと、株価が2倍になった！　それって一体、なにが起きているの？

株式投資を始めると、よく「買った株が2倍になった！」「3倍になった！」といった話を聞くようになります。

「株価が2倍になる」って、一体どういうことが起きているのか分かりますか。

株式投資を始めると、よく耳にする「時価総額」という言葉。

時価総額とは、「ある特定の会社を、一社丸ごと買うときの金額」であり、その会社の価値を表した指標です。

例えば2023年1月31日時点のトヨタ自動車の時価総額はおよそ30兆9495億円。任天堂は、7兆3051億円です。

一社丸ごと会社を買うとなると、驚くような大金が必要です。

せっかく「良い会社だな」と思っても、手の出る金額ではありませんよね。

好きな会社のオーナーになりたいと思っても、数百億円とか数千億円とか、場合によっては数兆円もする膨大な金額だと、誰も投資できなくなります。

そこで会社の価値を小分けにして、みんながオーナーになれる仕組みが「株式」なのです。

時価総額100億円の企業でも、1株当たり1000円の価格で購入できる株券を発行すれば、一般の人もこの会社に投資しやすくなります。

株式を何等分に分けたのかは、企業が発行する株の数を見ると分かります。

ここで必ず覚えてもらいたいことが、一つだけあります。

今後、あなたが株式投資をする場合に、企業のなにを見るのかということです。

企業の価値は、株価ではなく、必ず時価総額で評価するようにしてください。

企業の価値は株価ではなく時価総額で評価しよう

企業が発行する株の数を増やせば（株式分割と呼ばれています）、時価総額は変わらなくても、分割した分、1株当たりの価格は安くなります。

ですから、株価だけを見て企業を評価することはできないのです。

例えば時価総額100億円のA社と、同じ時価総額100億円のB社があるとします。この2社は会社の価値は同じですが、株価は次の通りです。

時価総額100億円のA社の株価は1000円。
時価総額100億円のB社の株価は1万円。

このとき、A社とB社はどちらの方が価値があるかというと、時価総額は同じなので、会社そのものの価値は変わりません。

なぜ株価が違うかというと、株の発行数が異なるからです。

時価総額＝株価×発行株数

同じ時価総額の会社でも、発行株数によって、株価は変わってきます。ですから、単に株価だけを見て、「B社は株価1万円だから、株価1000円のA社の10倍も価値がある」と思ってはいけないのです。

会社同士の価値を比較するなら、必ず時価総額を比べること。

株価だけを見て、企業の価値を語るのはナンセンスです。

会社の価値は、時価総額で評価する。これを徹底してください。

第3章

ジャニーさんになって有望株を探せ

〝推し〟銘柄はどう探す？コツは、ジャニーさんにあった

「ここの会社のオーナーになりたい！」

そう思えるような、あなたの資産を増やしてくれる素敵な企業の株を探すには、どうすればいいでしょうか。

第3章では、理想の企業を見つける方法をお伝えしていきます。

この章で私がお伝えしたいのは、次のポイントです。

将来有望な〝推し〟銘柄は、ジャニーさんになったつもりで探すこと！

そう、あのジャニーズ事務所を作ったジャニー喜多川（故人）さんです。

いきなり、ジャニーさんというと驚くかもしれませんね。

でも、〝推し〟の企業を探すために大切なのはジャニーさんマインドなんです。

なぜ、ジャニーさんマインドが大切なのかを説明しましょう。

日常生活に投資家視点をインストールしよう

ジャニーさんの話に入る前に、株式投資を始めるときに必要になる「視点」について説明します。

あなたは、ユニクロのフリースをご存じでしょうか？

ユニクロは1998年にユニクロ原宿店をオープンさせ、フリースを目玉商品として大々的にプロモーションしました。

当時、私は小学生でしたが、クラスの半分以上の生徒がフリースを着ているというくらいの大きなブームになっていました。

日本中を席巻したフリースブーム。そのころのユニクロを運営するファーストリテイリングの株価を見てみると、驚きの結果となっています。

ユニクロ原宿店をオープンさせてフリースを打ち出したファーストリテイリングの1998年11月末の株価は1株362円（2023年1月末時点で過去の株式分割・併合を考慮して計算）。

これが1年後の1999年11月末にはなんと1株9500円に！

さらに2年後の2000年11月末には、1株1万3520円になっています。

1998年11月末と2000年11月末の株価を比べると、実に37倍です。

株式投資という新しい視点を持つと、あのときフリースを買うんじゃなくて、ファーストリテイリングの株を買っていれば……なんて思うかもしれませんね。

その気持ち、とてもよく分かります。

かく言う私も、大学時代は、日本でいち早くFacebookやTwitterについて研究するゼミに在籍していました。

日本ではまだ、SNSのmixiが主流だった時代です。

当時は、FacebookやTwitterを利用している学生も少なく、新しいものが好きな友人が少しずつ活用し始めたくらいのタイミングでした。

「きっと、世の中を大きく変えるサービスになるに違いない！」

そう感じていたのに、当時の私は株式投資なんて思いつきもしませんでした。

時々、当時を振り返って、「あのときに投資を知っていたら」と悔しくなることがあります。

素敵だと思った商品やサービスは、自分の資産を増やしてくれるかもしれない。

iPhoneもスマホゲームもNetflixも、なんだってそうです。

世の中で起こっていることや流行している商品・サービスを、投資の対象として見ることが大切なのです。

「今、この株を買ったらどうなるかな」と普段から思うようにしてください。

投資の第一歩は、日常生活に投資家の視点をインストールすることからです。

ジャニーさんマインドで青田買いしよう

日常生活に、自然と投資家視点が入るようになってきたら、いよいよジャニーさんマインドを鍛えていきましょう。

ジャニーさんマインドとは、どんなものでしょうか？

ジャニーさんは、無名の若者の将来性を見抜いたり、才能にほれ込んだりして、エネルギーや資金、時間を投じてアイドルにプロデュースしてきました。

誰もが知っているSMAPや嵐、キンプリ（King &Prince の略）などのスーパースターがその魅力を開花させる前に、将来性に気づいて育てていったことで、たくさんの人に愛されるアイドルを世に生み出しました。

投資をするのは、有名になってからや大きくなってからでは遅いのです。

投資をする私たちは、企業が注目を浴びたり影響力を持ったりする前に、青田買いする必要があるのです。

投資をする相手は、「今、多くの人に愛されている企業」ではなく「これから多くの人に愛されるであろう企業」。そんな企業を探すのです。

ジャニーさんマインドとは、有名になる前の、成長が期待できそうな企業の将来性を見抜き、それを応援することです。

ジャニー喜多川さんがアイドルの卵を見抜くように、私たちも、自分の〝推し〟企業を見つけていきましょう！

ジャニーさんになったつもりで“推し”の企業を探したら楽しい♡

将来有望な企業を見抜く鉄板の4つのルール

ジャニーさんマインドを持って、将来有望な〝推せる〟企業を見つけるには、どうしたらいいのでしょうか。

まずは、どんな企業が〝推し〟にふさわしいのかという考え方をお伝えします。

将来伸びる〝推し〟の企業を見つけるときに大切な4つのルールがあります。

♡将来有望な企業を見抜くルール①♡

有名企業よりも、これから来る企業を探そう

1つ目に大切なのは、伸びしろのある企業を見つけることです。

なぜ、伸びしろが大切なのか。嵐を例に解説します。

アイドルグループの嵐は、現在、活動を休止しています。

しかし、仮に嵐が2023年も活動を続けていたとして、あなたがもしジャニーさんなら、嵐に対して、莫大な資金をかけて投資をしようと思うでしょうか。

嵐の知名度は抜群ですし、ファンクラブの会員数も圧倒的に多い。メンバー一人ひとりも、グループとしても、膨大なファンを抱えています。

圧倒的な実績があり、実力もある。誰もが認める、日本を代表するアイドルグループです。

でも、そんな有名な存在だからこそ、ここから改めて日本国内で爆発的にファンが増えるかというと、少し難しいのではないでしょうか。

"推し"を応援する感覚で企業を応援♡

もちろん、嵐を、世界を代表するアイドルグループにすれば、知名度や影響力は今以上に飛躍的に伸びるでしょう。

ただ世界戦略を成功させるには、莫大な資金と労力、緻密に練り込まれたプランが必要です。伸びしろは期待できますが、簡単なことではありません。

一方、嵐のような国民的アイドルグループではなく、まだ無名のグループに、それなりの資金や労力をかけたらどうでしょうか。

少なくとも嵐を今以上に日本で大ブレイクさせるよりも小さなコストで、無名のアイドルグループの知名度を上げ、ファンを増やし、大きな利益をもたらしてくれるでしょう。

そう考えると、伸びしろがあると判断した無名のグループを育成する方が、ジャニーズ事務所にとっては手軽にリターンが得られるはずです。

♡将来有望な企業を見抜くルール②♡

その企業の社長に、熱い思いはあるか？

2つ目に大切なことは、人です。

企業が成長するかどうかは、人にかかっていると言っても過言ではありません。

アイドルグループを例に説明しましょう。

好きなアイドルグループがどのように成長するのかは、グループのメンバーやグループに深く関わるプロデューサーなどが、どんな思いを持ち、どんなビジョンを描き、どこへ向かっていくかによります。

例えば、先ほど紹介したアイドルグループの嵐。

嵐の魅力は多岐にわたりますが、多くのファンが挙げる理由の一つが「メンバー5人の仲の良さ」にあります。

メンバー全員が、「自分が前に出たい」というタイプではないからこそ、お互いの持ち味や強みを尊重し合いながら活動を続けてきたのは有名な話です。

みんなが嵐というグループを大切に考えてきたからこそ、嵐はここまで多くの人に認知され、愛される存在になりました。

同時に嵐は、ファンを「6人目の嵐」と呼んでファンとの対等な関係性を築いてきました。

「(ファンも含めた)みんなで見たことのない景色を見にいこう」という彼らの思いとビジョンが、ファンの心を掴み続けてきたのです。

もともと嵐は、ジャニーさんが「世界に通用するグループを」と考えて結成していて、実際にインタビューなどでは世界を意識した発言もありました。明確なビジョンを土台に、嵐は自分たちの思いを形にして人気者になったのです。

企業も同じです。

企業がどのように成長し、世の中にどんな影響を与えるのかは、その企業がどのようなビジョンを描き、それを形にできるかによります。

そして、企業のビジョンを決めるのは基本的には社長です。

例えば、Amebaブログやインターネット TV「ABEMA」などを展開するサイバーエージェント。

同社の藤田晋社長は「21世紀を代表する会社を創る」というビジョンを掲げて、企業活動を続けてきました。

1998年に創業し、2000年には株式上場。掲げたビジョンの通り、2020年には広告業界のガリバー企業である電通と拮抗する時価総額になるほど成長しました。

「21世紀を代表する会社を創る」という壮大なビジョンがあり、それを形にする実行力があったから、ここまで成長できたのだと思います。

世界的な巨大企業のアマゾンやアップル、テスラには、それぞれ有名な経営者が存在しています。

アマゾン創業者のジェフ・ベゾスや、アップル共同創業者のスティーブ・ジョブズ（故人）、テスラ経営者のイーロン・マスクなど、名物経営者が巨大なビジョンを描いて、それを実現させるために成長を続けています。

超有名企業だけでなく、どんな企業でも、社長は熱い思いを持ち、なんらかのビジョンを掲げているはずです。

投資先を選ぶときにも、その会社の社長がどんな思いでビジョンを描いているのかをチェックしてみましょう。

ほとんどの上場企業が、会社のサイトなどで社長のメッセージやビジョンを掲載しています。新聞記事や雑誌のインタビューなど、社長が取材を受けている様子をチェックしてもいいでしょう。取材の内容や経歴などから、社長の人となりや実力も想像できるはずです。

その企業の経営者はどんなビジョンを描いている？

最近では、社長が動画でメッセージを伝えていたり、SNSを駆使して情報発信をしていたりもします。

これらをチェックした上で、次のように考えてみましょう。

その社長の思いやビジョンに共感できるか？

その社長に実力や実績があり、ビジョンを形にできると思えるか？

この質問に「イエス」と答えることができたら、それはきっとあなたの〝推し〟企業の候補が見つかった瞬間です！　おめでとうございます！

ビジョンや経営者に共感して、その会社を〝推す〟気持ちで投資するのは、楽しいものです。

ぜひ、社長が描くビジョンや社長の人柄、実力をチェックしてみましょう。

♡将来有望な企業を見抜くルール③♡

数字にも結果が出ているか見極めよう

3つ目に大切なことは、業績など、数字でもその会社が信頼できるかを見極めることです。

アイドルグループの実力を評価するには、「ファンクラブの会員数」「オリコンチャートの順位」「YouTubeの再生回数」「グラミー賞やレコード大賞などの受賞数」「5大ドームツアーの開催」など、さまざまな指標があります。

こうした数字は、アイドルグループがどのくらい人々に価値を提供したのかや知名度、影響力を示してくれます。人々の評価は、何らかの数字に置き換えることができるわけです。

企業の場合は、「売上高」や「利益」といった数字がそれに当たります。

売上高が大きいほど、より多くの価値を人々に提供したということです。よりたくさんの利益が出せるほど、ビジネスの仕組みをうまく構築しているということです。

どんなに社長の人柄がすばらしく、大きなビジョンを描いていたとしても、数字がついてこないなら、夢を形にできていないということです。

強い思いを実現する実力があるのかを確認するためにも、売上高や利益などの数字に着目してみましょう。

その企業の過去の実績などは、必ずチェックした方がいいでしょう。

会社の実力は必ず、数字にも表れます

♡将来有望な企業を見抜くルール④♡

あなたが魅力を感じる会社は、ほかの人にも魅力的？

アイドルグループを〝推す〟とき、なにを見ていますか。

〝推し〟がいる人ならイメージがつきやすいと思いますが、「彼は歌がうまい」「あのグループはダンスが得意」「このバンドはメンバーの仲が良い」など、さまざまな〝推し〟のポイントがありますよね。

例えば韓国のアーティストグループのＢＴＳは、歌やダンス、人柄、メンバーの関係性など、どれもが高く評価され、ファンを増やしていました。

ジャニーズ事務所のアイドルグループもそれぞれの魅力を聞くと、例えば嵐なら、メンバー同士の仲の良さについて言及するファンが多いようです。

ほかにも「Snow Man はダンスが特にいい」とか「Sexy Zone は個人の魅力が

強いグループ」など、たくさんのファンが共通して挙げる魅力があります。

多くの人が評価する魅力や実力があると、多くの人に愛される存在になります。

企業の場合も同じです。

第2章では「人々が求める事業を提供する会社には価値がある」と説明しました。

人々が評価する事業を展開していれば、その会社の価値は上がります。

大切なのは、自分だけがその会社の商品やサービスを評価するのではなく、ほかの人も自分と同じように それを魅力的だと感じるか、ということです。

多くの人が求める事業を展開して

"推し"の魅力を具体的な言葉にしてみよう

いるなら、会社の業績は自然と上がり、企業は成長していきます。

あなたは、その会社が提供している商品やサービスを良いと思いますか？
ほかの人も、その会社の商品やサービスを魅力的だと感じますか？

自分はもちろん、ほかの人にとっても〝推せる〟ポイントがあるのか冷静に見極めていきましょう。

〝推し〟の企業とは、こうやって出合う

ここまで読んでいただけたら、少しずつ、魅力的な〝推し〟企業に出合いたいと思えるようになってきたのではないでしょうか？

そんな魅力的な企業とどうやって出合えばいいのでしょうか。

ここでは〝推し〟企業に巡り合える方法を2つ、お教えします。

♡〝推し〟の企業と出合う術①♡

身の回りの商品やサービスで好きなモノから探す

女性が一番とっつきやすい方法が、まずは自分の家にある商品や、自分が普段から利用しているサービスをチェックしてみることです。

あなたがその商品やサービスを使っているということは、なんらかの理由で魅力を感じてお金を払った、ということですよね。

こうした商品やサービスを提供している会社は、私たちの投資対象になるかもしれません。

前の項目では、多くの人が魅力的だと思う商品やサービスを提供していれば、おのずと売り上げはついてきて、会社は成長すると言いました。

だからこそ、あなたが魅力的だと思う商品やサービスを探してみるのです。

その第一歩が、身の回りの商品やサービスをチェックすることです。

例えば、あなたが愛してやまないお菓子や化粧品。パッケージの裏面を見ると会社名が書かれてありますよね。

まずは、その会社について調べてみましょう。

みんなに人気の化粧品、株価はおよそ3倍に！

実際に、ハナミラの中であった事例をご紹介します。

あるハナミラの受講生は数年前の秋ごろ、「DUO」というクレンジングバームの広告をよく目にするようになりました。

そこで約30人の受講生に「DUO、使ってる？」と聞いてみたところ、なんと3人がDUOを持っていました。自分で買った人もいれば、お母さんが買って家にあったという人も。

調べてみると、「DUO」を発売しているのはプレミアアンチエイジングという会社。この会社の株価はその年の冬ごろから急騰し、およそ7カ月で株価がおよそ3倍に跳ね上がりました。

自分の身の回りの商品やサービスには、投資のヒントが隠れています。〝推し〟

の候補企業をぜひ探してみてください。

日本にはおよそ367万もの会社があるそうですが、株式上場しているのはそのうちのわずか3869社（2022年末時点）。

上場している企業の方が圧倒的に少ないため、もし魅力的な商品やサービスを提供していても、その企業が上場しているとは限りません。上場していなければ株を買うことはできません。

それでも上場企業で魅力的な会社を見つけられたときには、あなたの資産を大きく増やす〝推し〟の企業になる可能性があります。

〝推し〟の企業を探す仲間を見つけよう

普段から〝推し〟の企業について情報交換ができる仲間がいるといいですよね。

投資やお金の話ができる仲間を求めて、コミュニティやサロンなどに加入するのも一つの手です。

もしDUOを魅力的だと感じたとしても、「いいと思うのは自分だけ?」「本当に売れているの?」などと不安になったりするものです。

そんなときに「仲間も買ってる!」と分かれば、きっと自信になるはずです。DUOを知らなかった仲間にとっては新しい情報源にもなります。

実際、私もハナミラの受講生も、自分で〝推し〟銘柄を探しつつ、同時に仲間からの情報も生かして資産を増やしています。

♡〝推し〟の企業と出合う術②♡

数字や伸びしろを見て〝推し〟の企業を探してみよう

身の回りで探してみても、なかなか〝推し〟候補の企業が見つからない……。

そんなときは、なにかの基準を設けて対象を絞ってから、〝推し〟の候補になる会社を探すことをオススメします。

実際に私が使っている基準を2つ、お伝えします。

①年ごとの売上高の伸びで探してみる

企業の価値を知る基準の一つに、「年ごとの売上高の伸び」があります。

企業が良い商品やサービスを提供していれば、売上高が伸びて成長すると説明しました。

売上高が毎年右肩上がりに伸びている会社に着目してみましょう。少なくとも、この2〜3年の間、売上高が伸びているかを確認しましょう。

売上高の推移は企業のサイトに記載されていますし、証券会社のサイトでも確認することができます。

過去数年間の売上高が伸びているということは、会社が順調に成長してきた証。

もし売上高が1年の間しか伸びていないなら、なにかのブームで短期的に成長したいだけの可能性があります。でも複数年にわたって売上高が伸びているなら、それは企業が継続して成長している証拠です。

注意したいのは、過去数年間にわたって売上高が伸びているからといって、今後も伸びる保証はないということです。

これまで伸びてきたということは実力がある根拠の一つにはなりますが、将来に向けて同じように伸びるのかは、その会社の事業展開にもよるので、しっかりと見極める必要があります。

ぜひ、売上高の伸張を基準の一つとして参考にしてください。

②時価総額で探してみる

企業の価値を知る大切な指標が時価総額です。

時価総額とは企業の価値を評価する指標で、その会社を丸々一社買うときにかかる金額を示したものだと、お伝えしました。

時価総額＝株価×発行株数

この計算式に則れば、株価が2倍になると時価総額も2倍になります。時価総額が2倍になれば、それだけ会社の規模も大きくなります。

ここで大切なのが、どのくらいの時価総額の会社を探すのかということです。

時価総額1兆円の企業が時価総額2兆円になるのと、時価総額100億円の企業が時価総額200億円になるのは、どちらが大変だと思いますか。

もちろん、会社の事業内容にもよりますが、もしどちらも魅力的な事業を手がけているなら、時価総額100億円の会社が2倍になる方が簡単ですよね。

〝推し〟の企業を探していると、つい時価総額が大きな会社が魅力的に映ります。大きな会社ほど名前を知っていて、親しみも湧きます。

でも、あなたの資産を手軽に増やしてくれるのは、より簡単に時価総額が2倍になる会社の方です。

つまり、時価総額1兆円の会社と時価総額100億円の会社に同じくらいの魅力を感じているなら、後者を選ぶ方がいいのです。

〝推し〟企業を見つけるなら、時価総額は1000億円以下、理想は500億円以下だとベストです。

毎年の売上高の伸びと時価総額。

この2つを基準に探す企業を絞り、〝推し〟企業の候補を見つけましょう。

第4章

さあ、推し活投資を始めよう

〝推せる〟銘柄の魅力はなに？
投資の前に強みを言葉にしてみよう

第3章では、〝推し〟の企業を見つけるまでに必要になるジャーニーさんマインドや、あなたにとって〝推せる〟企業の候補の探し方をお伝えしました。候補となる企業をよく調べて本当に〝推せる〟会社が見つかったら、投資の計画を立てて、実際に投資をしていきましょう。

推し活株式投資のステップは、次の通りです。

①〝推し〟の候補となる企業に出合う
②〝推し〟の候補を調べて見定める
③〝推し〟の成長シナリオを作り、投資の計画を立てる
④実際に、〝推し〟の企業の株を購入する

第3章でお伝えした方法を軸に、〝推し〟の候補となる企業に出合ったら、今度はその会社のことをより深く知りましょう。

しっかりとリサーチしてその会社の魅力が分かったら、その企業の株はあなたにとって〝推し〟銘柄に昇格するはずです。

推し活では、〝推し〟を見つけたら、その〝推し〟についてどんどん知りたくなるものです。

それと同じ感覚で、魅力的な企業を見つけたら、その会社のことをもっと知って、追いかけてください。

その会社が目指すビジョンに心から共感したり、一緒に

気になる企業を調べ尽くして、“推し”にしよう

希望を感じたり、応援したくなったら、いよいよその会社の株を購入し、一緒に成長を楽しみましょう。

株を買うということは、自分の大切なお金をその会社に投じるということ。お金の大切さを知っているからこそ、投資する先をよく知り、納得した上で推したいですよね。

投資を始める上では、投資対象をよく知ることが何よりも大切です。

そこで第4章では、〝推し〟の候補を見定めることと、〝推し〟の成長を予測し、投資の計画を立てることについて、お伝えしていきます。

〝推し〟候補の魅力を自分の言葉で語ってみよう

〝推し〟の候補となる企業が見つかったら、その企業についてよく知り、本当に推せるのかを確認する必要があります。

株式投資において、〝推し〟の候補が投資対象になるかを見定められている状態というのは、その企業の魅力を自分の言葉で説明できることを指します。

株式投資の世界では、「銘柄の良し悪しは自分で判断できないけれど、成長する株が知りたい」という人がたくさんいます。

でも、成長する株を知っていれば儲かると考えている人は、投資で継続的にうまくいくことはありません。

投資で利益を出すには、特定の銘柄を購入し、最終的にはそれを売るタイミングも自分で決めなくてはなりません。

成長する株を知っていたとしても、その銘柄についてよく知らなければ、売るタイミングを見極めることができません。その会社の強みや魅力について、しっかりと自分の言葉で説明できるくらい理解しているからこそ、その銘柄をいつ売るのかを決めることができるのです。

株式投資で持続的に成功するには、自分が心から「推したい」と思える企業に

投資をすることが大切です。

実際、ハナミラの受講生を見ても、投資がうまくいっている人は自分が心から良いと思った企業の魅力を自分の言葉で語り、投資をしています。

それは、その企業の「推しポイント」、つまり「株を購入する理由」を語れるということです。

推し活でも、自分がなぜそのアイドルグループが好きなのか、みなさん語ることができますよね。

例えば、私の友人は人気バンドグループのGLAYを心から愛しています。

その魅力を聞くと、「実力派でかっこいいし、メンバーがみんな仲良くて魅力的なんです！　この動画を観てください！　みんなでゲームしてる姿が本当に楽しそうなんですよ～」と自分の言葉でGLAYの強みや魅力を語ってくれます。

あなたの周りの推し活をしている人も、みなさん「なんとなく」とか「友人の付き合いで」といった理由で推し活をしていませんよね。

一人ひとり、〝推し〟の魅力を言葉にして、人に伝えることができているはずです。

株式投資でも、「なんとなく」「有名な投資家が薦めていたから」「知っている社名だったから」といった理由で銘柄を決めるのはNGです。

そうではなくて、具体的な理由を挙げて、「だから、私はその会社がいいと思う」と説明できるようになる必要があるんです。

〝推し〟の企業の魅力を語るには、なにを調べればいい？

自分の言葉で〝推し〟の企業の魅力を語るためには、その企業のことをきちんと知らなくてはなりません。

その企業の売上高や利益はどのくらいで、同じ業界のライバルと比べてどうか。

その企業の商品やサービスにはどんな独自性や強み、魅力があるのか。

その企業はこれまで、どんなペースで成長してきたのか。

その企業のトップは、どんなビジョンを描いているのか。

その企業のトップは、株主に対してどんなメッセージを発しているのか。

その企業の経営陣や社員は、メディアでどのように取り上げられているのか。


あなたが「推したい」と思う企業について、過去や現在、将来に関する情報をなるべく集めてみましょう。


昔のように新聞や雑誌をくまなく読む必要はありません。

インターネットで検索すれば、ある程度の情報は集まるはずです。上場企業は株主に対する説明責任もあるので、企業のサイトの中でも、いろいろな情報を発信しています。

社長や経営陣、社員がインタビューを受けている記事があるかもしれません。

そういった情報を可能な限りネットで検索して、目を通してみましょう。

加えて、自分や周りの人の実体験が得られると、さらにいいでしょう。

私の体感だと、ネット上から分かるその会社の情報は、全体の3割くらいです。

百聞は一見にしかずと言いますが、自分の経験を通して得た知見以上に強いものはありません。

だからこそ、知見がある分野で〝推し〟の銘柄を見つけるのがいいのです。

ネット上の情報や自分や友人の経験から得た情報を集めてしっかり知った上で、その企業のことが好きになったり、強い魅力を感じるなら、その会社は間違いなく、あなたの〝推し〟になります。

自分の言葉で魅力を語れる〝推し〟銘柄を見つけていきましょう。

ポテンシャル＝将来の時価総額
〝推し〟の企業の未来の姿を予測しよう

自分の言葉で魅力を語れるようになったら、今度は〝推し〟の成長シナリオを作ってみましょう。

「成長シナリオ」なんて言うと難しそうに思うかもしれませんが、〝推し〟の企業の魅力や強みを自分の言葉で語れるようになる、つまりは「推せる理由」が明確になっていると、その企業が将来、どのように成長するかも予測ができるはずです。

例えば、結成して間もない日本の男性アイドルグループがあったとします。知名度はまだ低いけれど、あなたがこのグループを「素敵だからきっと大きくなる」と思ったとします。そのような〝推し〟を見つけたとき、多くの人が、その対象が将来、どのくらい大きくなるのか夢想するのではないでしょうか。

数年後には、国立競技場でライブをしているかもしれない。

誰もが知ってるヒット曲を連発して、お茶の間で愛されるアイドルグループになっているかも。世界デビューして全米ツアーをしたらうれしいなぁ。

そんなふうに思っているかもしれません。

〝推し〟が日本の男性アイドルグループなら、同じような日本国内のほかの男性アイドルグループと比べているかもしれません。

SMAP、嵐、NEWS、関ジャニ∞、KAT-TUN、King &Prince……。

知名度のあるアイドルグループを眺めながら、こんなふうに考えるはずです。

「SMAPや嵐のような超人気グループになるのは難しいかもしれない」

「でも、知名度が高くてファンも多い、NEWSやKAT-TUNのようなグループにはなれるかも！」

もしかしたら、〝推し〟のポテンシャルを「曲もダンスもすばらしいから世界で通用するはず！」と考えて、世界的に活躍してきた男性アイドルグループのBTSと比べるかもしれません。

〝推し〟のグループがどこまで成長するのか、似たようなアイドルグループと比べながら、成長の可能性を考えると思います。

〝推し〟の企業の将来の時価総額を予想してみよう

同じように、株式投資でも、〝推し〟の企業のポテンシャルを考えたり、ほかの会社と比較することで、〝推し〟の企業が今の時価総額から将来、どれくらい成長するのかを予測することができるようになります。

〝推し〟の企業がこのまま順調に成長したらどんな企業になりそうか、成長規模をイメージしていきましょう。

〝推し〟単体で予想するだけでなく、例えば〝推し〟の企業がＩＴ企業なら、ライバルとなる別のＩＴ企業と、食品メーカーなら同じようなサービスを提供する別の食品メーカーと比べていきます。

時価総額を予想することは、とても重要なポイントです。

「ここまで成長するはずだ」という目標がないと、無計画に投資をすることになり、投資で成功することが難しくなります。

どんなに成長する企業でも、株価は上がったり下がったりを繰り返しながら上昇していきます。

目標となる時価総額がないと、目先の株価の上下に一喜一憂してしまい、得られるはずだった利益を逃したり、ムダな損失を被ってしまいます。

「株価が1・3倍になったからうれしく

“推し”の企業はどのくらい成長する？

て売却したけれど、その後もどんどん株価が上がって3倍になった。あのとき、売らなければよかった」

「買った後に株価が急に下がってしまった。驚いて売ったけど、数カ月後には持ち直してぐんぐん上がっていった。なぜあのとき、売ってしまったんだろう」

あなたの〝推し〟企業は、現在の時価総額から30％しか成長しないのか、それとも2倍になるのか。

成長した姿を想定して投資をしていると、焦ったり、根拠のない理由で株を売ってしまうことがありません。

「株価が1・3倍になったけれど、この先2倍になるはずだから持っておこう」

「私が考えていた目標の時価総額に到達した。これ以上成長するか分からないから、一旦、ここで株を売っておこう」

こんなふうに、目標となる時価総額があれば、目先の株価のアップダウンに動揺せず、安心して投資ができます。

〝推し〟の成長が見通せて初めて投資の計画が立てられる

目標となる時価総額がないと、自分の資産をどのくらい〝推し〟の企業に投資するべきなのか、自分の資産がどのくらい増える可能性があるのかが分からないままになります。

比較対象と比べて、〝推し〟企業の現在の事業内容や時価総額はどうなのか。事業が成功したら、どのくらい成長する可能性があるのか。

こうした予測ができて初めて、自分の資産をどのように増やしていくかという計画が立てられます。

もちろん、予想はあくまでも予測でしかありません。

〝推し〟の企業の将来の時価総額をピタリと当てることは、プロでも難しいはずです。

それでも、〝推し〟企業の将来の姿を思い描くことが大切なのです。

この先、100倍に成長する可能性のある企業に投資をしようとしているのか。時価総額が2倍にはなるけれど、それ以上は成長が見込めない企業に投資をしようとしているのか。

自分の〝推し〟企業がどれくらい成長するかを考え、シナリオを作っていきましょう。

〝推し〟の企業はいつブレイクする？成長スピードを考えてみよう

成長のシナリオを作るときに、〝推し〟の企業の時価総額がどのくらい成長するかという予測に加えて、もう一つ考えなければならない要素があります。

それが、成長スピードです。

自分が推している企業が、期待した規模に成長するのに、どれくらいの時間がかかるのかということです。

投資の世界では、それを「時間軸」という言葉で表現します。

なぜ時間軸を把握する必要があるのか。分かりやすい例を用いて解説しますね。

あなたは、来年に時価総額が2倍になると予想できるA社と、3年後に時価総額が2倍になると予想できるB社、どちらに投資をしたいですか。

A社の場合は、100万円投資したら、1年後に200万円。
B社の場合は、100万円投資したら、3年後に200万円。

期間と金額だけを見れば、時価総額が2倍になるスピードの速いA社の方が効率的に資産が増やせると感じられます。

A社に投資して1年後に100万円が200万円になるなら、今度はその200万円を使って、同じように1年後に時価総額が2倍になる別の会社に投資をすることができます。

すると、投資を始めてから2年後には、あなたの資産は400万円になります。

同じことをもう1年繰り返すと、投資を始めてから3年後には、あなたの資産は800万円になるでしょう。

1年後に時価総額が2倍になる会社に、3回繰り返して投資を続けた場合は、あなたの持っていた100万円は、3年後には800万円になっています。

一方で、3年後に時価総額が2倍になる会社に投資をすると、3年後に得られるお金は200万円しかありません。

そう考えると、時間軸がいかに重要か分かるのではないでしょうか。

〝推し〟に似た企業の成長スピードを参考にしよう

時間軸の考え方も、時価総額を検討する場合と似ています。

例えば、あなたが推す男性アイドルグループについて、「いろんな魅力があるから、将来はきっと嵐のような国民的グループになるに違いない」と予想したとしましょう。

その場合は、〝推し〟の成長スピードを考えてみましょう。

過去のデータから〝推し〟の成長スピードを予想する方法のほかに、参考になるもう1つの方法があります。それが、嵐がどのようなステップを経て国民的なグループになったのかという成長のプロセスです。

嵐が結成されてから、ＣＤの売上高はどのように増えていったのか。

結成後、何年目に国内５大ドームツアーを開催したのか。

そこから何年後に、約７万人を収容する国立競技場でライブを開催したのか。

ファンがどのくらい増えたところで、アジアに進出したのか。

嵐が一世を風靡《ふうび》した時代と現在では、音楽業界を取り巻く環境が大きく変わってしまったので、過去の実績は参考程度にしかならないかもしれません。

それでも、似たアイドルグループの成長を通して、あなたの〝推し〟の成長スピードを想定しておけば、応援しやすくなります。


投資も同じです。

〝推し〟の企業が見つかり、その魅力を自分の言葉で語れるようになったら、その企業の成長規模を予測し、その企業の成長スピードの目途を立てておくこと。


投資で大切なのは、〝推し〟の企業がどのくらい成長しそうかという将来の時価総額を見極めることと、いつまでにそれが達成できるのかという時間軸。

両方の要素を、しっかりと考えましょう。

シナリオを作って、夢を叶えるための投資を

〝推し〟企業の将来の時価総額と成長スピードを予想してシナリオを作ることは、自分の夢を叶えるためにも必要不可欠です。

海外留学をしたいから、3年後までに300万円を貯める。
結婚式の費用にしたいから、1年後までに100万円が必要だ。
子どもの大学進学のための学費を、あと5年で500万円作りたい。

あなたの夢を叶える手段として株式投資があるわけです。

ハナミラでも、「今年中に投資の利益でハイブランドのバッグを買うぞ！」と目標を立て、それに向けて投資の計画を立てて夢を叶えた人もいます。

もちろん、夢を叶えられるかどうかは、投資に使える元手の資金にもよります。

ただ、手元のお金をいつまでに、いくら増やしたいかが明確なら、その目標に到達できるように投資を進める必要があります。

このとき、〝推し〟企業のポテンシャルと成長スピードが分からなければ、投資の計画を立てることはできません。

1年後に時価総額が2倍になるのか。

3年後に時価総額が2倍になるのか。

〝推し〟の企業の成長シナリオを作り、夢を叶える投資計画を立てましょう。

ここまで、〝推し〟の企業を見定め、将来の時価総額や成長スピードを予想し、投資の計画を立てることが大切だとお伝えしてきました。

次の項目からは、あなたが見つけた〝推し〟の候補を本当の〝推し〟の企業にするための情報の集め方や、〝推し〟の企業を深く理解するための情報の調べ方などについてお伝えしていきます。

投資しても本当に大丈夫？投資先を調べ尽くす5つの方法

ここからは、〝推し〟の企業について詳しく知るための5つのポイントをお教えします。

前の項目では、〝推し〟の企業を見定め、その企業の将来の時価総額や成長スピードの予測を立てることが大切だと、お伝えしてきました。

でも予測はあくまでも予測。誰も未来を100％当てることはできません。それでもあなたの大切なお金を使って資産を増やそうとするわけですから、成功の確率を高めるために実践した方がいいことがあります。

それが、〝推し〟の企業について調べ尽くすということです。

例えば〝推し〟のアイドルグループについて、あなたは「5年後には最盛期のBTSと同じくらいの存在になっている」と感じていたとします。

それは、あなたがそう思う理由があるからですよね。

もしかすると〝推し〟のアイドルグループに、ＢＴＳと同じダンス指導者がついているからかもしれません。

もしくはＢＴＳの成長を支えた熱心なファン「アーミー」のように、あなたの〝推し〟には、熱狂的なファンがいるのかもしれません。

逆に、あなたの〝推し〟が恋愛スキャンダルに巻き込まれると、熱狂的なファンは一気に減ってしまうかもしれません。そうなると「5年後に最盛期のＢＴＳ並み」という当初の見通しは実現が難しくなるでしょう。


投資で大切なのも、〝推し〟の企業を、あなたが応援する理由が明確なこと。


相手のことを何も知らないまま推し活はできません。

株式投資でも、まずは〝推し〟の企業を徹底的に追いかけること。

こうして「推せる理由」を探し、それをしっかりと固めていくことが大切です。

〝推し〟のことなら、なんでも知りたい！

それと同じ情熱で、〝推し〟の企業についてどんどん調べていきましょう。

♡〝推し〟企業を知る方法①♡

ネットや雑誌でインタビューを読み漁ろう

推し活では、〝推し〟のSNSの投稿を見たり、インタビュー記事を読んだりして、〝推し〟の人となりや仕事にかける情熱、夢を知ろうとします。

こうした情報収集が〝推し〟への愛を深めます。〝推し〟のちょっとした言葉から今後の活躍を想像したり、将来の姿に思いをはせたりするでしょう。

人によっては、〝推し〟だけでなく、〝推し〟の関係者のインタビューを読んだり、関係者の経歴やバックボーンまで調べたりします。

〝推し〟本人や〝推し〟関係者の実力は、〝推し〟の今後を大きく左右しますから、一文字ももらすことなく情報を収集するはずです。

投資でも同じように、情熱を持って〝推し〟の企業について調べましょう。

〝推し〟の対象が企業でも、企業活動を左右するのはその中で働く人です。であれば、〝推し〟企業の中の人々について知っていきましょう。手っ取り早いのは、〝推し〟企業のトップである社長について知ることです。上場企業の社長は、メディアでインタビューを受けることも多いので、名前を検索すれば、記事が出てきます。

社長が、なにを学び、どこで働いていたのか。どんな人柄でなにが得意なのか。〝推し〟企業のトップが自分で会社を立ち上げた創業経営者なら、どんな理由で起業をしたのかも分かるはずです。

企業のトップが日々、どんな思いで会社を経営し、どのようなビジョンを描いているのか。

今後の事業の展望などを語っている記事もあるでしょうから、投資を検討する

ネットを駆使して、“推し”の企業を調べよう

際の、将来予想にも役立ちます。

人によっては、書籍を出版している経営者もいます。記事よりも書籍の方が経営者について深く書かれているので、社長やその企業についてよく知ることができます。

近年は、SNSで情報発信をしている社長も多く、動画で自社についてプレゼンをしているケースもあります。

SNSや講演で社長を身近に感じてみよう

ハナミラの受講生の中には、〝推し〟企業の社長のTwitterをフォローし、日々のつぶやきを見ている中で、「最近、つぶやきの内容が楽しそうだから、会社の調子も良い気がする!」と、業績予想に活用している人もいました。

社長の動向や発言の内容や温度感などから予想できる情報はたくさんあります

し、人柄が伝わると、その会社の経営も連想できるはずです。

可能なら、社長が登壇する講演やイベントに参加してみてもいいでしょう。

アイドルグループの〝推し〟のライブや握手会に参加するのと同じような感覚で、社長に会いに行くのです。

実際に会うと、社長の人柄や会社の空気など、肌で感じるものがあるはずです。自分で会いに行く時間が取れない場合は、会ったことがある人などに、人柄などを聞いてみるのもいいでしょう。

〝推し〟企業のサイトにあるＩＲページは宝の山

上場企業は自社サイトの中に、投資家向けの情報を集めたＩＲ（Investor Relations）ページを用意しているものです。

〝推し〟の企業について調べるときも追いかけるときも、IRページは、情報の宝の山。

ここには通常、企業の決算報告書や事業についてのプレスリリース、経営者のメッセージやインタビュー、事業概要からその会社の歴史など、あらゆる情報が詰まっています。

企業によっては経営者のメッセージや事業戦略、成長戦略やビジョンについて、動画などで手厚く紹介しているところもあります。

〝推し〟の会社のIRページを読み込んでいきましょう。

社長にニックネームをつけて追いかけよう！

〝推し〟の企業の情報は、どこまでも追いかけましょう。

推し活では、「次はこのバラエティ番組に出演する」「今度はあそこのＣＭが決まったらしい」「新発売のグッズ、すごくかわいい！」など、〝推し〟の動向をもれなく追いかけますよね。

〝推し〟の企業も、同じような情熱で追いかけましょう。

企業が成長してくると、新しい事業を始めたり、業績が予想を上回ったりと、たくさんのニュースが出てきます。私たちが日々変化するように、企業も刻々と変わっていきます。この変化を、愛着を持って見守るのです。

実際、ハナミラの受講生の中には、
〝推し〟企業の社長を名前やニック

アイドルグループの推し活と同じ感覚で社長を応援！

ネームで呼んで、アイドルグループの推し活と同じように追いかけている人もいます。


「正さん（社長の名前）、今日の決算会見はいつもより表情が明るかったな」

「タケシ（社長の名前）が載っている今週の週刊ダイヤモンドは必読！」

「まーくん（社長のニックネーム）が世界大手メーカーと提携！　スゴイ♡」


せっかく投資をするなら、こんなふうに楽しみながら実践していきましょう。

〝推し〟を追いかけるのは隙間時間で済ませよう

〝推し〟を追いかけるといっても、そんなに時間をかける必要はありません。

投資を成功させるには、ある程度の学びの時間は必要です。同時に、情報に慣れていくことも大切です。

ただ、魅力的な企業を見つけるのに慣れてきたり、実際に〝推し〟の企業が見つかった後は、投資にかける時間は1日10分程度で大丈夫です。慣れてくると10分も使わなくなってくるでしょう。

通勤電車やランチ、子どもの寝かしつけが早く終わったタイミングなどの隙間時間で、〝推し〟企業のニュースや株価をチェックします。

良い会社なら、企業が勝手に成長していくので、こちらがなにかする必要はありません。

購入のタイミングを迷っている場合でも、1日に1回、ニュースや株価をチェックすれば十分です。

隙間時間に〝推し〟のアイドルグループの情報をチェックするのと同じ感覚で、〝推し〟の企業についても、近況をアップデートすればいいのです。

♡〝推し〟企業を知る方法②♡

〝推し〟の企業ならではの魅力を理解しよう

アイドルグループの推し活でも、あなたの〝推し〟が、いつもCDランキングで1位になれるかといえば、そういうわけではありませんよね。必ず、別のグループと競争しているのではないでしょうか。

〝推し〟の魅力を理解するには、似たコンセプトのアイドルグループと比べて、〝推し〟の強みや魅力を解像度高く把握する必要があります。

例えば、アイドルグループAは、歌がうまくてダンスも得意だから、ライブパフォーマンスに定評がある。

アイドルグループBは、英語で曲を作っており、海外の音楽シーンでも評価が高いから、本格的に世界進出すると成功するかもしれない。

アイドルグループCの魅力は、メンバーの仲の良さ。

アイドルグループDは、リーダーの人気がすさまじくてファンが多い。同じように見えるアイドルグループでも、深く知っていくと、それぞれの強みや魅力、戦略が見えてきます。

企業も同じです。一見、同じような事業を展開している会社でも、その内容には大きな違いがあります。

それが飲食店などのサービス業や食品メーカーなどの消費財であれば、私たちも消費者として接点があるため、企業の違いを感じやすいかもしれません。

ただ、普段私たちがあまり接することのない業界やBtoB（企業間）ビジネスを手がける会社であっても、企業によって強みや魅力は異なるのです。

少し専門的な例ですが、同じ医療用機器を製造するメーカーであっても、研究開発が得意で業界最先端の技術をいち早く導入する企業もあれば、先進的な技術開発は苦手でも営業力が強く、日本の津々浦々の病院に機器を導入できて成長している、という企業もあるかもしれません。

〝推し〟の企業を探す場合には、あなたが詳しい業界や分野の企業を選ぶ方が圧倒的に有利です。

もし「良さそうだな」と思っても、あまり知見のない業界の企業の場合、私は投資仲間でその業界に詳しい人に意見を聞くようにしています。

自分一人で調べ尽くすのには限界があります。

仲間と協力しながら、〝推し〟企業が、ライバルより優れる魅力や強みを、理解していけるといいですね。

♡〝推し〟企業を知る方法③♡

〝推し〟の商品やサービスを自分で体験してみよう

心から憧れる〝推し〟だけど、実際に街中で見かけたら素っ気ない態度だった。素敵なグループだと思ってたけど、ライブに行ったら想像と違ってがっかり。推し活をしている中で、〝推し〟が自分のイメージと違ったということはありませんか？

ネットの記事やバラエティ番組など、メディア向けに作られた姿だけを見ていても、〝推し〟の本当の姿はなかなか見えてきません。

逆にリアルに〝推し〟に会ったり、ライブを体験したりすることで、より好きになることもあります。

生で観たダンスがすばらしくて、自分の思った通りの姿にうっとりした。

イベントに参加したらファンサービスがすばらしくて、さらに好きになった。

ＳＮＳのライブ配信でメンバー同士の素のやりとりを見て、仲の良さに好感度が一気に上がった。

実際に〝推し〟を知って感じることはたくさんあります。

株式投資も同じです。

〝推し〟の企業が、本当にすばらしい商品やサービスを提供しているのか。

〝推し〟の企業について深く理解するには、実際にその会社の提供する商品やサービスを試してみるのが一番です。

もし自分が体験できないようであれば、利用者の声を聞いてもいいでしょう。

リアルな体験やクチコミが大切な判断材料に

ハナミラの受講生も、〝推し〟の企業が化粧品メーカーなどの場合は、実際にその企業の商品を購入しています。自分で使ってみたり、ほかの受講生に使用感を聞いてみたりして、投資の参考にしています。

自分で利用できない商品やサービスでも、それを使っている人に感想を聞くことはできます。

例えば私は、過去にレアジョブというオンライン英会話を提供する会社への投資を考えていました。そこで、レアジョブの法人向けサービスの利用を検討している投資仲間に、レアジョブの強みと弱みについて聞きました。

自分が実際に経験して「いいな」と実感したり、リアルな利用経験のある人のポジティブなクチコミがあったりすれば、それは〝推し〟の企業を選ぶ理由の一つになります。

〝推し〟の商品やサービス、どう感じた？

〝推し〟の企業が魅力的な商品やサービスを提供しているかどうかは、企業の成長を見極める非常に重要なポイントになります。

人々に喜ばれるすばらしい商品やサービスを提供しているから、多くの人がそこに価値を感じてお金を払い、それが企業の売り上げや利益となり、業績や企業価値の向上につながっていくわけです。

テレビCMやネットの情報だけを頼りに企業を知ろうとしても限界があります。実際の商品やサービスは、イメージと違ったということもよくあるものです。

「思った通りの魅力的な企業で、きちんと成長してくれた！」という結果になるように、その会社の商品やサービスは、なるべく自分でしっかりと体験してみてください。

♡〝推し〟企業を知る方法④♡

不安なポイントをあらかじめ想定しておこう

「文春砲でスキャンダルが発覚」「方向性の違いでメンバーが脱退」「リーダーの体調不良で活動休止」など、推し活をしていると不測の事態に遭遇することがあります。

どんなに人気のあるグループでも、ファンが予想もしていない出来事が起こり、成長が止まってしまうことがありますよね。

熱心に応援しているほど、不測の事態はショックが大きいですよね。

恋愛スキャンダルや不祥事が明るみに出ると、裏切られた気持ちになるかもしれません。
とはいえ、不測の事態は、どんなアイドルグループにも起こり得るもの。起こるか起こらないか、未来のことは予見できませんが、それでも起こり得るリスクについては把握しておいた方がいいでしょう。

投資も同じです。

〝推し〟の企業に発生する可能性のある不測の事態を、できるだけ具体的に想定しておくことが大切です。

リスクを想定できていないと突然のニュースにショックを受けちゃいます

〝推し〟の企業はどんな変化の影響を受けやすい？

この数年は、世界中が新型コロナウイルスの感染拡大に揺さぶられました。

企業の業績もその影響で成長したところと、業績が悪化したところが出てきました。

どの企業も、前もって「未知のウイルスが発生して世界が混乱する」なんて予測をするのは難しいはずです。

地震や台風などの自然災害や、ウクライナ危機のような事態も、なかなか想像できませんよね。

そんな中で、どのように不測の事態に備えればいいのでしょうか？

そのヒントとなる考え方をご紹介しましょう。

例えば2022年には、世界各国のインフレや円安によって、輸入製品の価格が高騰しました。

この影響で多くの企業が商品を値上げしましたが、中には輸入コストの増加を商品価格に反映できない企業もありました。そうした企業は、利益が大幅に減り、業績悪化につながりました。

為替の変動は世界的な動きもあり、個人が予測することは難しいものです。それでも、あなたの〝推し〟の企業が円安や円高といった為替の変動による影響を受けるのかどうかは、事前に分かるはずです。

例えば資生堂やユニクロを展開するファーストリテイリング、無印良品を展開する良品計画は、全体の売上高に占める中国市場の比率が20％以上あります。

中国の経済の発展と一緒に企業も成長していくだろうと期待できる反面、もし日本と中国の間に問題が発生したら、中国市場の売上高が縮小するリスクもあります。

実際、2012年には中国で大規模な反日デモが起こり、中国で商売をする日本企業や、中国で商品を製造する日本のメーカーに大きな影響がありました。

リスクを一つひとつ具体的に予測することは難しいものです。

でも、〝推し〟の企業がどんなビジネスモデルで、どんな市場で商売をしていて、どんな地域で商品を製造しているのか、といった情報を事前に知っておけば、リスクに対してある程度の心構えができます。

企業も人も「想定外」は起こるもの

生きていれば、想定外のことは必ず起こります。

企業だって私たちだって、完璧な存在ではありません。常になにかのリスクや弱みは抱えています。

もちろん投資をするなら、リスクや弱点の少ない企業を選びたいもの。

それでも、リスクを完全にゼロにすることは不可能です。

それなら、投資をする前にあらかじめリスクや弱点を洗い出し、想定外のことが起きたときにどうするのかをイメージトレーニングしておくといいでしょう。心の準備ができていれば、人は意外と動じないものです。

あまり楽しい作業ではありませんが、大切なことなので覚えておきましょう。

♡〝推し〟企業を知る方法⑤♡

人気は数字に表れる！　数字をしっかり確認しよう

どんなにあなたが大好きな〝推し〟のアイドルグループでも、ライブに行くと空席ばかりで、CDを発売してもあまり売れていない……。

そんな状況なら、「大丈夫かな？」と不安になりますよね。

人気がうなぎ上りで影響力が増しているときは、ライブだって回を追うごとに大きな会場になりますし、YouTubeの再生回数も伸びていきます。

人気は確実に、数字で表現されるようになります。

あなたが魅力的だと感じるものが、本当に魅力のあるものなのかどうかは、数

字が証明してくれます。

投資も同じです。成長している会社は、必ずなんらかの数字に反映されます。

だから、まず見るべきなのは売上高です。

第3章でも説明しましたが、売上高が伸びているということは、その企業の商品やサービスが人々に受け入れられているという証です。

投資を考えるなら、毎年、順調に売上高が伸びているか確認しましょう。

何かのブームがあってたまたまその年だけ売上高が伸びた可能性もあるので、少なくとも過去数年間、売上高が伸びているかチェックしましょう。

売上高からいろいろな経費を差し引いた後に残るのが利益です。

利益についても、基本的に右肩上がりに伸びていることが重要になります。

利益が伸びて、これからも利益が伸びそうな会社は評価されやすくなります。

もし売上高は伸びているのに利益が伸びていないなら、お金の使い道を確認してみましょう。

企業によっては、売上高が伸びている間に、より認知度を広めるために宣伝広告費を多く使うケースもあります。急成長しても事業が回るように、人をたくさん雇い始めたり、オフィスを広げたりするケースもあります。

こうした場合、売上高と同じようなペースで利益は伸びていきません。

こうしたコストは、企業がさらに成長するための大切な投資。

ですから、目の前の業績だけ見れば売上高に対して利益の伸びが鈍くても、投資した内容がうまくいけば、将来的には利益も一気に伸びていきます。

逆に、宣伝広告費や人件費といった、将来に向けた投資をしていないのに利益が伸びていないなら、売上高が伸びても利益が出ないという残念なビジネスモデルになっている可能性があります。

売上高と比べると、複雑な要素が絡み合うので少し分かりづらい利益ですが、会社の成長を計る大切な指標ですから、ウォッチしていきましょう。

企業の売上高や利益だけであれば、証券会社のサイトで確認できます。売上高や利益の詳しい内訳も、企業のＩＲページを見れば知ることができます。

最初は難しく感じるかもしれませんが、慣れますから安心してくださいね。

最高の〝推し〟の企業を見つけるには？あなたの目を肥やしていこう

〝推し〟の企業と言われても、投資を始めたばかりのころはピンとこないかもしれません。

私も、最初は「どの会社がいいんだろう？」と不安を抱いていました。

でも、今なら〝推し〟の企業に出合う明確な方法が分かります。

〝推し〟の企業に出合いたいなら、たくさんの企業を知ること。

これに尽きます。

例えば、「あなたにとって最も理想的なバッグは何ですか？」と聞かれて、「こんなのがいいな♡」と具体的なバッグを、すぐにイメージできるでしょうか。

大きさ、重さ、デザイン、素材、色、ポケットの数、機能、価格……。

きっとみなさん、戸惑うはずです。

実際にお店を訪れ、たくさんのバッグを見て、実際に手に持ったりして、自分に合うかを比べて初めて、自分の欲しいバッグが分かるはずです。


これは、投資も同じです。

あなたの理想の企業を探す場合でも、理想のバッグを選ぶときと同じプロセスをたどります。

理想の〝推し〟に出合うまで、ひたすら数をこなそう

A社とB社では、どちらが魅力的か。

社長は？　時価総額は？　業績は？　事業内容は？　成長戦略は？

いろいろな要素を比較して初めて、投資をするのに理想的な会社の条件を、解

像度高く理解することができるようになります。

だから、最初はピンとこなくても、たくさんの企業に触れたり、投資仲間と情報交換をしたりすること。

1社ずつ良し悪しを判断していると、気がつけば自然とあなたの目が肥えていって、〝推し〟の企業になるかどうかの判断ができるようになっていきます。

何事も、上達するには一定の量をこなすことが欠かせません。

投資の世界でも、企業を見る目だけは、たくさんの企業を見ることでしか養われないのです。

大丈夫！　最初は難しそうに感じても、そのうち慣れていきます。

楽しめる環境で、少しずつ企業をチェックしていきましょう。

「なんとなく」の投資は絶対ダメ！〝推し〟の企業を妄信しない強さも大切に

株式投資に限らず、投資世界で絶対にやってはいけないのが、あなた自身がよく分からないと思っているものにお金を投じることです。

投資の世界で失敗している人の話を聞くと大体、次のような言葉が出てきます。

「金融機関に勧められたから」
「なんとなく株価が上がると思ったから」
「友達が買っていたから」
「ネットに書いてあったから」

こういう、あまり根拠のない情報をベースに投資に踏み切ると、大体は失敗します。

〝推し〟の良さが分からなければ、推し活はできません。

同じように、投資をする企業の強みや魅力が把握できていないのなら、絶対に投資をしてはいけません。

それは投資ではなく、ギャンブルです。

投資先のことをきちんと理解しているのか。
強みや魅力を自分の言葉で伝えることができるのか。

しつこいようですが、このポイントはとても大切なことなので、繰り返し確認していきましょう。

「推す理由」が明確なら、それはギャンブルではなく、ちゃんとした投資になりますよ。

冷静に〝推し〟の企業を評価しよう

一度推したら、仮に相手がなにをしても応援しなくちゃいけない……。推し活についてそう考える人がいるかもしれませんが、それは大きな誤解です。推し活をしていない人にとっては意外かもしれませんが、推し活にハマる女子の多くが、〝推し〟のことは好きでも、その行動の良し悪しは、かなり冷静に見極めています。


「先日のイベントのファンサービスは、もっと工夫した方がいい」

「バラエティ番組でのコメント、後半はもったいなかった」

「歌唱力はあるのにダンスが下手。もっと練習した方がいい」

大好きで応援しているからこそ、「もっとこうした方がいいのに」というポイントを冷静に評価しているのです。

投資も同じです。

〝推し〟の企業を妄信するのは絶対ダメ。客観視するスタンスがとても大切です。


事業をしていると、すべてがうまくいくことは、ほとんどありません。

企業だって人と同じで、良いときもあれば悪いときもあるものです。

良いことをしていたって、すぐに結果が出るわけでもありません。

立てた目標が高すぎると、なかなか目指した通りの結果に到達できないこともあるでしょう。

そんなときは、次のように自分に聞いてみましょう。


「私にとっては魅力的な会社だけれど、ほかの人にとっても魅力的かな？」

「〝推し〟の企業は、私が最初に素敵だなと思ったまま変わってないかな？」

「〝推し〟の企業のトップは、その魅力を投資家に伝えられているかな？」

最初は、〝推し〟の企業のことを客観的に見られるか不安かもしれません。

でも、会社を見る目が肥えてくると、良いところや悪いところが冷静に見えるようになり、強みと弱みをきちんと自分の言葉で説明できるようになります。


ポイントは、良いところだけでなく、弱点もきちんと言葉にできること。


あなたが、〝推し〟企業の良いところしか挙げることができないなら、もしかするとそれは、会社の表面的な部分しか見られていないのかもしれません。

応援しているからこそ、その企業がもっと良くなるにはどうすればいいのかを考えること。

「本当にこのまま投資をしても大丈夫？」

こう、冷静に考える姿勢を大切にしましょう。

第5章

売買のタイミングは恋や買い物と同じ

買い物のルールから株の買いどきを学ぼう

株式投資で大切なポイントは、〝推し〟の企業を見つけること。

たくさんの企業の中から、あなたの〝推し〟企業を見つけて投資の計画を立てたら、ようやくその株を購入していくことになります。

ですが、ここで疑問が湧くのではないでしょうか。


一体、どんなタイミングで株を買えばいいの？


そこで本章では、あなたが見つけた〝推し〟企業の株の買いどきと売りどきについて解説していきます。

初心者でも分かりやすいよう、私たちに身近な恋やショッピングの例を用いながら説明していきますね。

株の買いどきはiPhoneブームに象徴されている

多くの女性が大好きなショッピング。

みなさんは普段、どんなふうに買い物を楽しんでいますか?

世の中で流行しているものを買っている人もいれば、流行に左右されないベーシックなものだけを選ぶ人もいるでしょう。

どちらも素敵な選択ですが、投資の世界で大切なのは、「大流行する前に先取りすること」です。

2010年を思い出してください。

この時期、日本ではiPhoneを持つ人が増え始めました。

私も、スマートフォンを持っている周りの友人を見ては、「かっこいいなぁ♡欲しいなぁ♡　素敵だなぁ♡」と憧れていました。

株の世界では、こんな素敵な企業の株を、みんなよりもちょっとだけ早いタイミングで購入するのがポイントです。

どういうことか、詳しくお伝えしていきます。

イノベーター理論で知る株の買いどき、売りどき

投資をするなら、必ず押さえておいた方がいいのが「イノベーター理論」です。

イノベーター理論とは、新たな商品やサービスが、どのように普及していくのかをまとめた考え方です。

本来はマーケティング理論なのですが、これが投資の売買のタイミングを理解するのに非常に役に立つのです。

投資の世界で投資のチャンスとなるのは、一般的に、その商品やサービスの普及率が16%までのタイミングです。

iPhoneを例に、その理由を説明します。

2008年7月11日に、iPhoneが日本で発売されました。

当時はソフトバンクモバイルだけが扱っていたiPhoneですが、2011年からはKDDIも販売を開始。NTTドコモのユーザーがKDDIやソフトバンクモバイルに乗り換えるなど、携帯電話市場に大きな影響を与えました。

今でこそ誰もが使っているiPhoneですが、日本で発売された当初は、「使いづらそう」など、ネガティブな意見もありました。

どんなに魅力的な商品でも、世に出た瞬間はなかなかその価値が分からないものです。

そうした新商品をいち早く購入したり、試してみたりする人がいます。それが「イノベーター」です。市場の2・5%がそれに該当すると言われています。

iPhoneの例で言うと、２００8年の上陸したばかりのタイミングでiPhoneを買う人たちがイノベーターに当たります。多くの人に浸透するかどうかを気にせず、いち早く取り入れる人たちのことです。

この後に続くのが、「アーリーアダプター」。イノベーターが飛びついた新商品を、自分で吟味して購入する層です。こうした人は、市場の13・5％いるとされています。

日本だと２０１0年ごろにiPhone 4を購入した人たちが、これに該当します。

その後、iPhoneを試し始めるのが「アーリーマジョリティ」。情報感度は高いけれど実際の購入には慎重な人たちで、市場の34％存在します。

ここが、重要な分岐点になります。

アーリーマジョリティが行動し始めると、大ブレイクに至ります。

iPhoneの場合、日本ではKDDIが取り扱いを始め、２０１1年に一気にブレイクしました。

その後でiPhoneを手に取るのは、「レイトマジョリティ」。自分の判断に自信がなく、みんなが持っているという理由で新商品を導入する人たちです。

製品の良し悪しがある程度分かった段階で購入する層で、これが市場の34%、存在します。

レイトマジョリティに普及すれば、ブームは落ち着いていきます。日本で言えば、NTTドコモが参入した時期辺りが該当します。

株式投資の世界のアーリーアダプターになろう

冒頭でお伝えした通り、投資のチャンスがあるのは全体の16%であるイノベーターやアーリーアダプターに広がる段階です。

第2章で、株式投資の場合、株価が上がるのは需要と供給で需要の方が強い場合だとお伝えしました。

アーリーアダプターの段階で投資をすると、アーリーマジョリティに広がって大ブレイクするときの株価上昇に乗ることができます。

■株式投資に役立つイノベーター理論

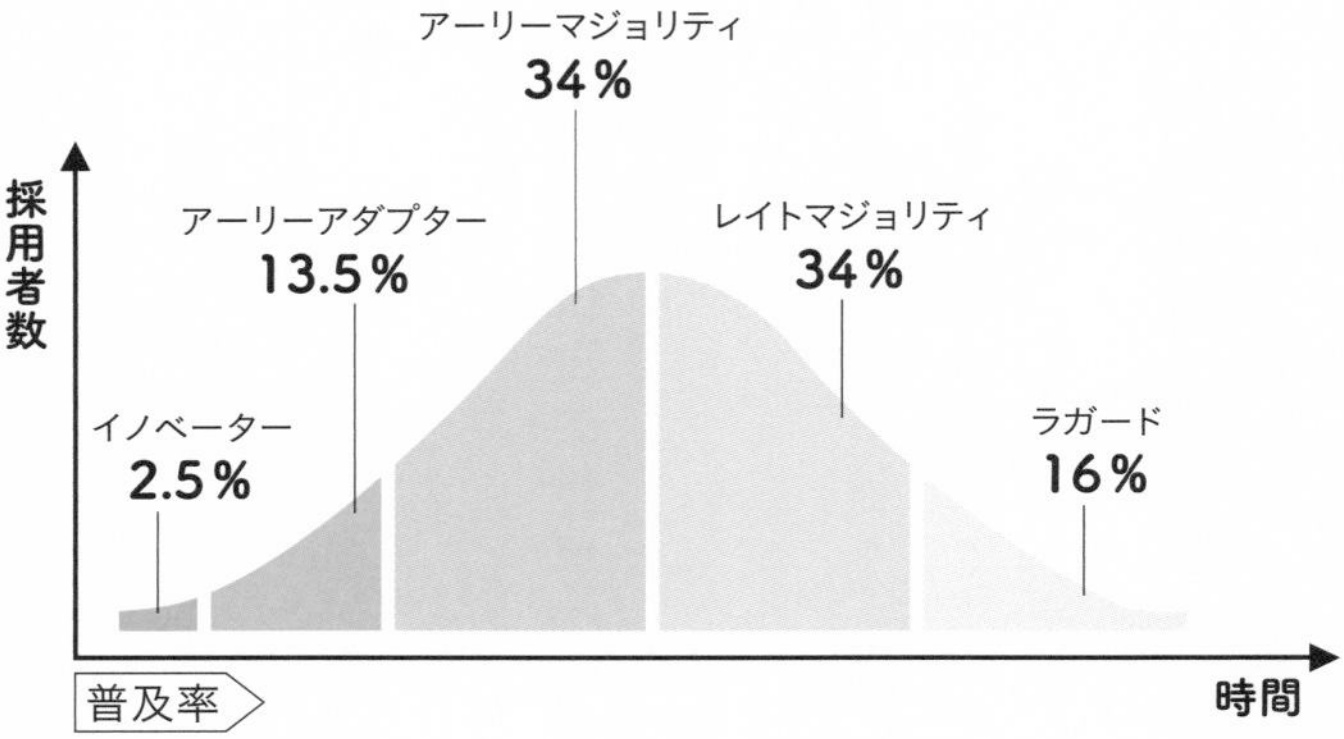

投資で成功するには、アーリーアダプターになろう

アーリーマジョリティの後期や、レイトマジョリティに入ったころだと、多くの人がその投資対象を知っているので、なかなか株価が上がりづらくなります。多くの人が株を持っている状態になると、売りたいときに思うような株価で売ることができなくなります。

アーリーアダプターの段階だと、その会社の良し悪しはなかなか判断できません。自分で考えて決断する力が必要です。ただ、この段階で自分が伸びると信じた会社に投資すれば、場合によっては大きく資産を増やすことができます。

投資をするときは、「このブームは今、

どの段階なんだろう？」と考えるようにしましょう。

「鬼滅の刃」ブームから流行を見極める力を養おう

ブームを見極める力は、普段の生活でも養うことができます。

例えば、一大ブームを巻き起こした「鬼滅の刃」。

私が最初に鬼滅ブームを知ったのは、人々がアニメ「鬼滅の刃」に熱狂していたころでした。その段階で私は「アーリーマジョリティぐらいかな？」と思っていました。

次に鬼滅ブームの広がりを実感したのは、普段漫画を読まない家族が、なぜか漫画『鬼滅の刃』の1巻を購入していたときです。「これは、そろそろレイトマジョリティまで来たかな」と感じたものです。

このように、ヒットの芽を見つけたときや、何かのブームを目にしたときに、自分なりにこのブームがどの段階なのかを考えてみること。

練習を重ねていくと、この力は投資のタイミングを見極める力に直結します。

アーリーアダプターの段階であれば、まだまだ投資のチャンスはあります。

でもレイトマジョリティの段階になると、投資をしない方が得策です。

投資の判断をするときには、ぜひ、イノベーター理論を思い出してくださいね。

投資のヒントは日常にある！株価が上がるタイミングを見極めよう

株の買いどきを判断するシーンでは、生活者の肌感覚がとても役立ちます。

企業の成長の証である業績が伸びるとき、その企業には何が起こっていると思いますか。

「事件は会議室で起きてるんじゃない！　現場で起きてるんだ！」

かつて有名になった刑事ドラマの台詞は、投資にも言えることです。

企業の業績が伸びているということは、その企業の商品やサービスを購入している人が増えているということです。私たちの日常生活に、その企業の商品やサービスが広がり、多くの人が手にしているのです。

私たちの生活の中に、業績が伸びているなんらかの前触れがあるわけです。
業績が大きく伸びると、企業も評価されて、一般的には株価も上がります。
ここが投資のチャンスになります。

では、日常生活の中で売上高が伸びていることを、どのように感じ取ればいいのでしょうか。

日常生活の中での発見が、株の買いどきのヒントになるケースをお伝えします。

周りの人が使い始めたら投資のチャンス♡

第3章でも紹介したプレミアアンチエイジングの「DUO」というクレンジングバームについて、かつて、ハナミラの受講生30人に対して、持っているかというアンケートを取りました。

すると当時、「最近使い始めた」という人が30人中3人もいました。興味があるだけでなく、実際にお金を払って買っている人が3人もいたわけです。同時に、このとき初めて名前を知った人も半数近くいました。知っている人と知らない人の差が大きく、伸びしろを感じました。実際に売れ行きが業績にも反映され、決算発表をきっかけにプレミアアンチエイジングの株価は上昇。株価はその後、およそ3倍になりました。

周りの人が商品を使い始めたタイミングが株の買いタイミングの一つです。

サイバーエージェントの提供するゲーム「ウマ娘プリティーダービー」。今では幅広い世代が知っていますが、ここでも似たような現象が起こりました。このゲームの広がりを知ったのは、ハナミラの受講生が「家族がウマ娘というゲームをやってるんです」と教えてくれたことがきっかけでした。ゲームがリリースされて約2週間後のこと。ハナミラの受講生20人に話を聞いてみると、「夫や子どもが遊んでいる」と答えた人が2人もいました。

ゲームのダウンロード数が伸び、スマホ向けアプリのランキングでも上位だったことから株価が上がり、20人に聞いてから2カ月も経たずに、サイバーエージェントの株価はおよそ1・4倍になりました。

周りの人に広がり始めると、企業の業績が伸び、企業が評価され、時価総額も増えます。

日常生活の中には、投資のヒントがたくさんある

身近な人の行動から、株価が上昇する株を知るほかの方法もあります。**発売後すぐに欠品した商品や、いつも行列ができているお店など、普段の生活の中で人気のありそうな商品やサービスをチェックするのです。**

例えば、日本でも新型コロナウイルスの感染拡大が深刻になった2020年3月のこと。街中では、Uber Eatsや出前館など、食べ物の配達員の姿を多く見るようになりました。

「みんなが頼んでいるなら、きっとこのサービスは使われているに違いない」と出前館の株価を調べてみると、人々の期待が反映されて株価は上昇し、決算発表からも、売上高が伸びていることが分かりました。

またコロナ禍以降は、人との「密」を避けて自然を満喫したいと、キャンプブームが起こりました。それまでアウトドアに興味のなかった人もキャンプを始めたことで、テントなどが一気に売れていきました。

このキャンプブームに連動するように、

最近買ったものの中に、
投資のヒントがある♡

スノーピークなどのアウトドアブランドの株価も上がっていきました。

商品やサービスの人気が出始めたタイミングや利用する人が増え始めたタイミングは投資のチャンスです。

ぜひ、あなたの普段の生活の中で起こっていることを観察してみてください。

過度な「期待」には注意しよう

業績の良さが企業の決算発表などで公表されたことをきっかけに株価が上昇するケースもありますが、別のケースもあります。

「こんなに売れてるんだから業績も良いに違いない」と人々が勝手に期待をして、株価が先行して上昇するケースです。

そうなると、実際にその企業の業績が良くても、人々の期待が先行して株価が上がっていたので、その後で株価が下落することがあります。

さらに注意すべきなのは、行き過ぎた期待によって株価が過度に上昇するケースです。


例えば、新型コロナウイルスの感染拡大初期には、マスクを生産していた川本産業が、そんなパターンで株価が上昇しました。

2020年に入ったころから中国での新型コロナウイルス感染症のニュースが出るようになり、川本産業を含むマスク関連銘柄の株価が上昇しました。

特に同年1月23日に中国・武漢を封鎖するというニュースが出ると、日本国内でもマスクの買い占めが相次ぎ、川本産業の株価は急騰しました。

2020年1月6日から、マスク相場の最高値をつけた2020年1月31日までのわずか25日で、川本産業の株価は約8倍も急騰しました。

マスクの本格的な欠品や品薄はこの年の2月以降になるのですが、終値を見ると、1月末に最高値をつけています。

しかし、ここで注意が必要です。

たった1カ月で企業の時価総額が約8倍に上昇する成長を遂げる、という事態が現実的だと思いますか。

何年先のマスクの需要まで時価総額に織り込んだんだろうと思いますよね。

実際に、川本産業の株価は急落し、その後も上下を繰り返しながら、1月末の高値を超えることなく下落していきました。

これは極端な例ですが、半年〜数年先の好決算を期待して株価が上昇することは、投資の世界ではよくあります。


「今の企業の時価総額は、適切な人々の期待を含んでいるのか」という視点を持てると安心ですね。

仲間がいれば無敵♡投資のセンスは仲間と一緒に磨いていこう

「私は普段、レイトマジョリティだ」
「流行にうといから不安」
「生活の観察眼にあまり自信がない」
「新商品とか気にしたことがない」

これまでお伝えした内容を読んで、こんなふうに落ち込む人がいるかもしれません。気持ちはとてもよく分かります。

私もハナミラの受講生も、投資を始めた当初から、投資にぴったりの情報を察知する力があったわけではありません。

ですが、練習を重ねれば、誰でも自分の感覚を軸に、ベストなタイミングを見極めることができます。

例えば、私の投資仲間で、外資系ＩＴコンサルティング企業に勤める友人は、仕事柄、ＩＴ業界のトレンドをいち早くキャッチできる立場にいます。

こうした情報を生かして、「次はこの分野が来る」と思って投資をしても、注目した分野に関連する銘柄の株価が実際に上昇を始めるのは、友人が「来る」と判断した2～3年後になることが多いそうです。

それもそのはずで、その友人はＩＴ業界のトレンドについて、時代の最先端の情報に触れています。一般の人よりも、圧倒的に情報が早いのです。

自分の情報感度が高すぎると気づいてからは、投資をするタイミングを意識的に遅らせることができるようになったそうです。

同じように、「流行に早く乗りすぎる」と感じているなら、周りに合わせてみるといいでしょう。

流行にうといなら、ベンチマークになる人を見つけよう

逆に、普段から流行にうとくて、自分はレイトマジョリティやそれより遅いラガードだと思っている人は、アーリーアダプターやアーリーマジョリティの人と一緒にいるといいでしょう。

「この人が買ったものは、必ずブームになるな」という、ベンチマークになる人を見つけましょう。

その人の意見を参考にしていると、少しずつ自分の感覚も変化していきます。

どんなに優秀な人でも、あらゆる分野で情報感度を高めることは不可能です。
だからこそ、仲間同士で協力して、情報を共有するのです。
ハナミラには20~60代の受講生がいます。
それぞれの世代から得られる情報は、本当に多種多様です。

私自身、これらすべての情報を察知することはできないので、受講生のみなさんから教えてもらっています。

一人で株式投資をしようとすると、どうしても情報が偏ってきます。

だからこそ、投資仲間を作って、情報交換をしていきましょう。

誰かと一緒なら、大丈夫♡

ぜひ、情報を交換できる仲間を作ってくださいね。

初心者でも大丈夫♡株価チャートを見てみよう

株式投資をするなら、味方につけたいのが「株価チャート」です。

「チャート」と聞くと、難しそうだと身構えてしまう人も多いでしょう。実は私も、投資を始める前は、チャートに苦手意識がありました。

株価チャートとは、1日や1週間、1カ月などという期間で、株価の推移をグラフにしたもの。

株価だけを見ていては、それが今、安いのか高いのかは分かりません。株価が上がっているのか、下がっているのかも判断できないでしょう。

長期的に見ると、時価総額はその会社が将来、稼ぐ利益に落ち着くと言われています（少し難しいことを言うと、ここに金利を加味した価格になります）。

しかし実際には、将来その会社が稼ぐ利益以上に株価が上昇することもあれば、魅力的な企業なのになかなか評価されず、株価が上がらないケースもあります。

なぜ理論通りにならないかというと、実際の株の売買は、人々の感情に左右されるからです。

チャートとは、株価の推移を表していると同時に、株を売り買いする人々の感情も表しています。

このチャートが見られるようになると、株式投資はぐんとやりやすくなります。

この本ではここまで、企業の価値をしっかりと見極めて、〝推し〟の企業を見つけることの重要性を伝えてきました。

もしあなたが今、〝推し〟の企業を見つけているなら、チャートで確認するポイントは、あまり多くはありません。

ここからは、推し活投資で、初心者が

株式投資に役立つチャート。
難しそうでも、味方にしよう！

チャートでチェックした方がいいポイントをお伝えします。

チャートの基本を理解しよう

まずは、チャートの基礎知識についてお伝えします。

チャートを構成する要素は、大きく分けて2つあります。それが、「ローソク足」と「出来高」です。

ローソク足とは、一定期間の株価の動きを表したもの。ローソクのような形をしているから、こうした名前になっています。

1本のローソク足は、ある一定期間の値動きの幅を表しています。

ローソク足の色は2種類あり、一定期間の始めから終わりにかけて株価が上がった場合は「陽線」と言います。

■ローソク足の見方

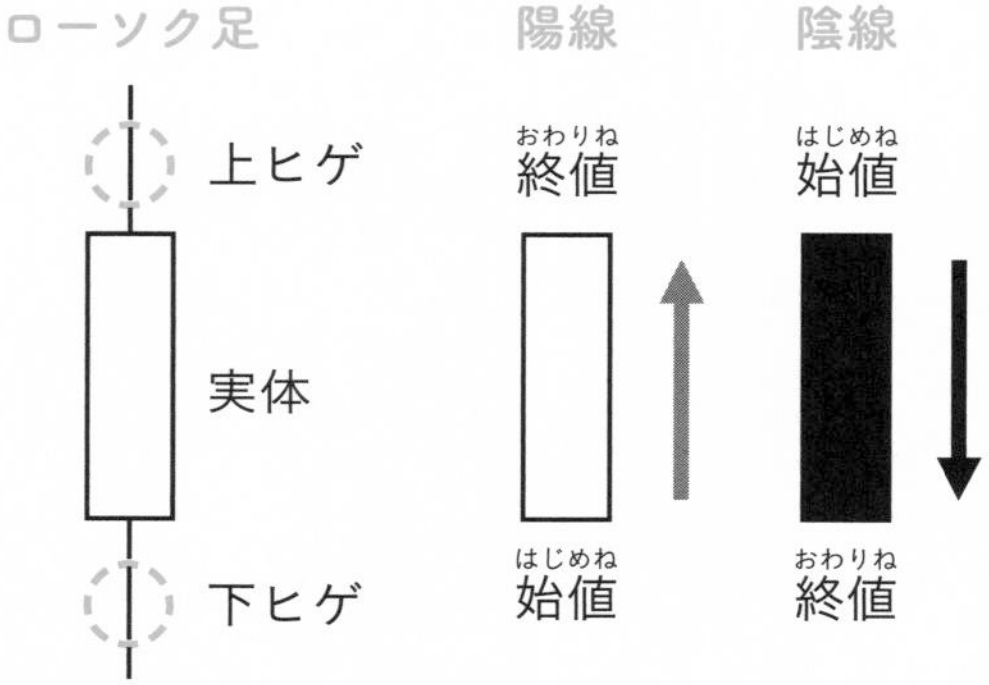

始値とは、ある期間の取り引きで最初に成立した売買価格のこと
終値とは、ある期間の取り引きで最後に成立した売買価格のこと

一定期間の始めから終わりにかけて株価が下がった場合には「陰線」と言います。
ローソク足にはヒゲと実体があり、ローソク足の形によって株価がどのように動いたのかを知ることができます。上ヒゲは高値、下ヒゲは安値を表します。

ローソク足にはいろいろな形があるため、ヒゲのないものも存在します。

チャートには通常、ローソク足と出来高の推移が表示されています。

出来高とは、その株の取引量を表す指標です。

たくさん取り引きがあるほど、出来高の数は多くなります。出来高が多いというの

■ローソク足の下にあるのが出来高

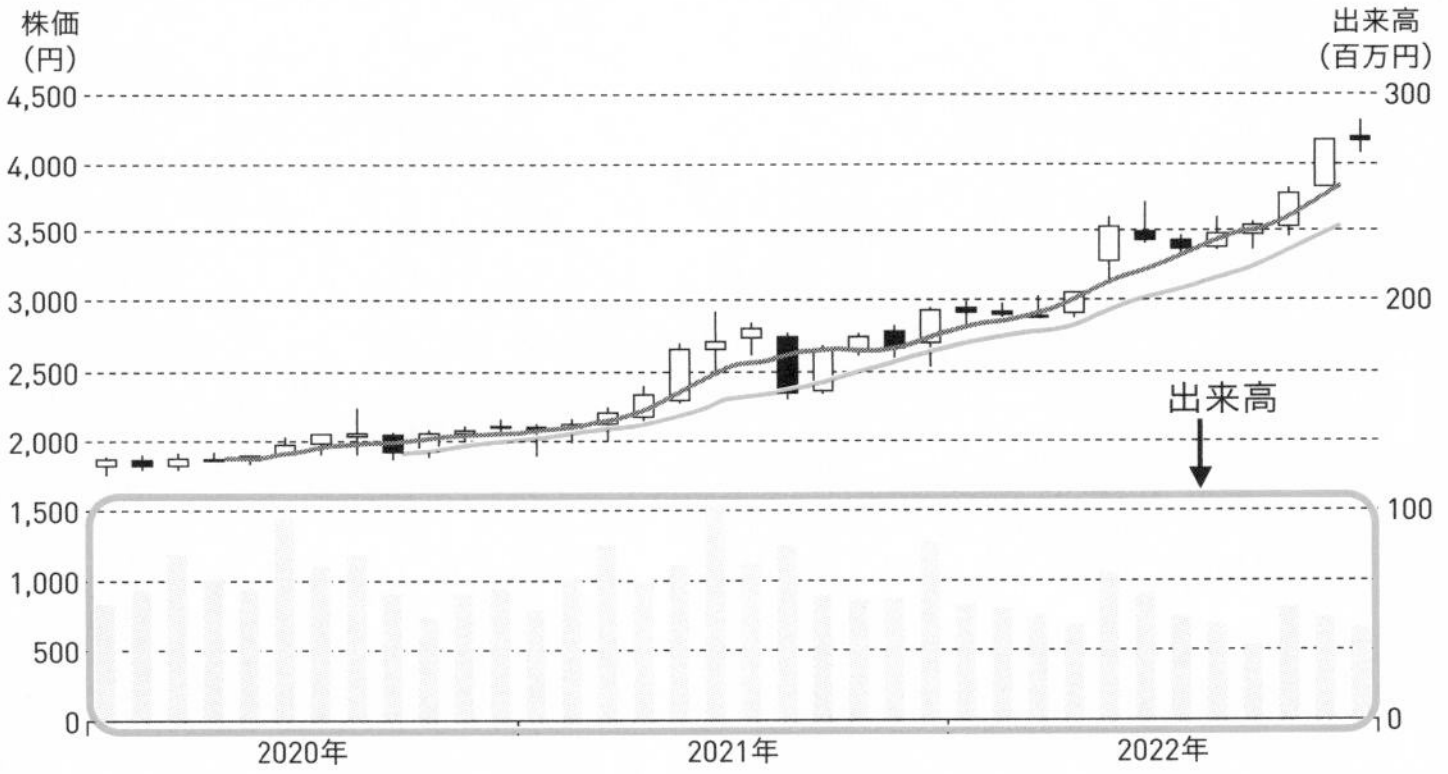

は、なんらかの理由でその銘柄が注目されているということです。

逆に出来高が少ないと、人々が現状ではあまり注目しておらず、不人気な株ということになります。

こうしたチャートを読み、分析することを「テクニカル分析」と言います。

チャートは一見、数字の羅列のように見えます。でもチャートが表示しているのは、株価の推移や株が取り引きされた量。

これらを動かすのは人ですから、チャートが示しているのは、無機質な数字の羅列ではなく、その奥にある株を売買している人の感情なのです。

テクニカル分析とは、数字の分析ではなく、数字で表示されている人々の感情の揺れ動きを分析する、ということです。

そう考えると、少しは身近に感じられませんか？

テクニカル分析をするには、さまざまな指標を知る必要があります。

でも成長する企業に投資をする場合であれば、知るのは、テクニカル分析の中でも、シンプルな指標ばかりです。

あなたにとっての〝推し〟の企業を見極められるようになれば、シンプルな指標だけを押さえていても、投資で利益を出すことはできます。安心してください。

〝推し〟銘柄の株価はどう動いてる？上昇トレンドに乗っかろう

チャートで必ず見る必要があるのは、株価の大まかな流れです。

株価は上下を繰り返しながら、ある程度の期間、一定の方向に動く習性があります。

ある期間続く株価の方向性のことを、株の世界では「トレンド」と呼びます。

株価のトレンドには「上昇」「横ばい」「下降」という3パターンがあります。

投資をするときに大切なのは、「トレンドには逆らわない！」ということです。

株価の大きな流れは、そう簡単に変わるものではありません。

上昇トレンドを見極めよう

大きな流れで見て、株価が上昇している間は、いつ株を購入しても利益を出しやすいタイミングになります。

上昇トレンドに入り始めたときや、上昇トレンドを継続しているときを狙って株を購入するといいでしょう。

株価が上がっている銘柄を買うのは怖いと思うかもしれません。

推し活に例えてみると、人気のアイドルグループに自然と人が集まるように、株価が上がる銘柄には人が集まるものです。

「みんなが欲しがるから株価が上がる。株価が上がるからみんな欲しがる」

こういったスパイラルに入るのです。

逆に株価が下がっていく銘柄は誰も欲しがらなくなり、どんどん人が離れて株価が下がっていきます。

■上昇トレンドの株価の動き

どこで買っても株価は
上がりやすい

上昇トレンドの間に、“推し”の銘柄を買う

■下降トレンドの株価の動き

どこで買っても株価は
上がりにくい

下降トレンドでは買ってはいけない

一方、絶対に株を買ってはいけないのが、下降トレンドのタイミングです。

下降トレンドに入り始めたときや、下降トレンドが続いているときには、その株の購入を控えましょう。

「この銘柄なら一生お付き合いできる」

「タイムカプセルのように寝かせていい」

こんな覚悟があれば別ですが、大半の人は、購入した株の価格が下がり、資産が減っていくと、それに耐えられずに投資から離れてしまいます。

下降トレンドの株は、その先もズルズルと株価が下がる可能性が高いので、初心者は触らないのが鉄則です。

〝推し〟の企業の株が上昇も下降もせず、横ばいで長期間推移しているような場合は購入して構いません。ただし、いつ株価が上がり始めるか分からないので、「待ちの期間」が長くなる可能性は理解しておきましょう。
トレンドが上昇し始めるまで待ってから買っても、遅くはありません。

初心者で大切なのは、下降トレンドに触らないこと。
上昇トレンドに入り始めた株か、上昇が続いている株を購入することです。

移動平均線を活用しよう

トレンドを見るときには、「移動平均線」と呼ばれる指標を活用しましょう。
移動平均線とは、株価の推移を分かりやすく示したもの。
一定期間の株価を平均して折れ線グラフで表すので、日々、上下する株価を平

■移動平均線をチェックしてトレンドを知ろう

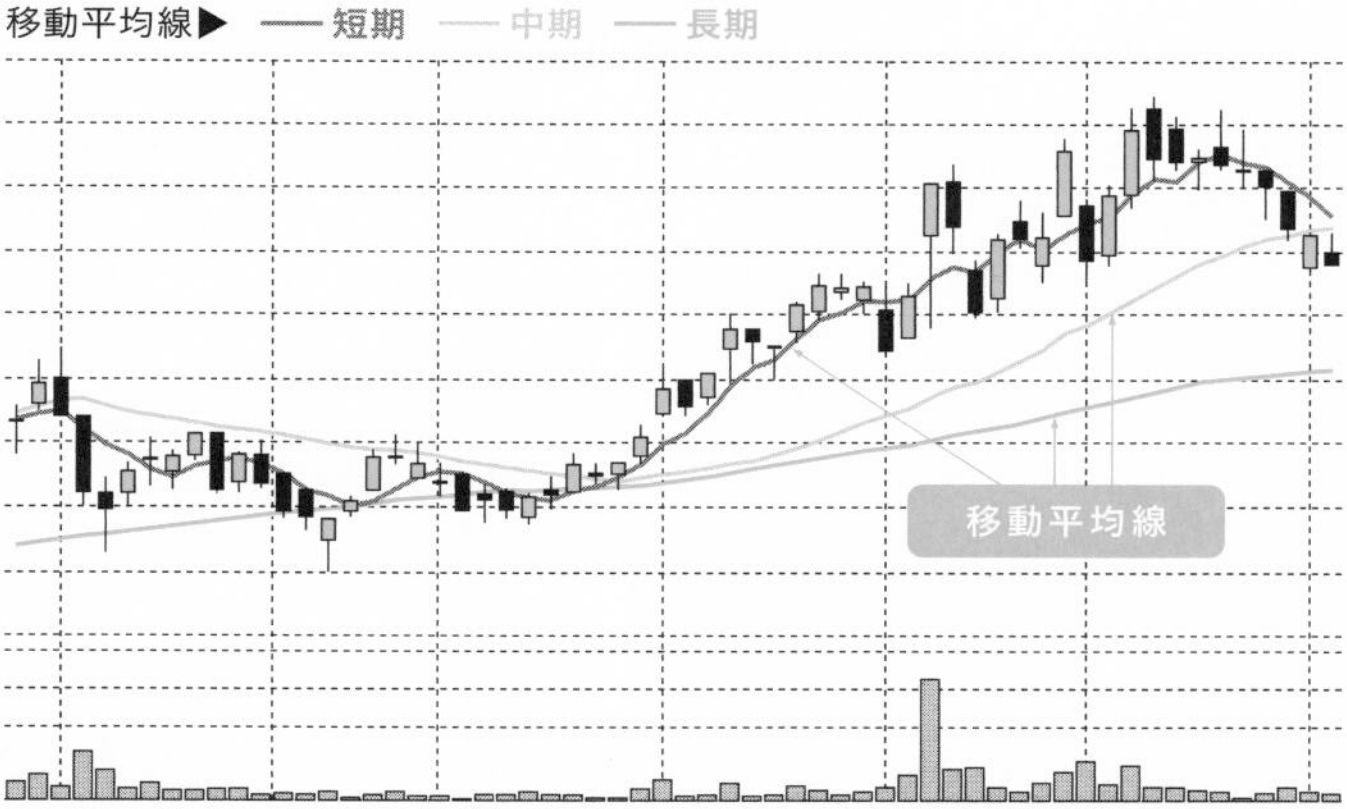

移動平均線を見ればトレンドが分かる

均化して見ることができます。

相場の動きを1日単位で表したのを日足、1週間で表したのを週足、1カ月で表したのを月足と言います。

日足でチャートを見る場合、一般的に、短期の移動平均線は5日間の株価の推移を、中期の移動平均線は25日間の株価の推移を、長期の移動平均線は75日間の株価の推移を平均化して、グラフにしています。

移動平均線を見れば株価の推移や方向性など、大まかなトレンドが分かります。

■上昇トレンドと下降トレンドの特徴

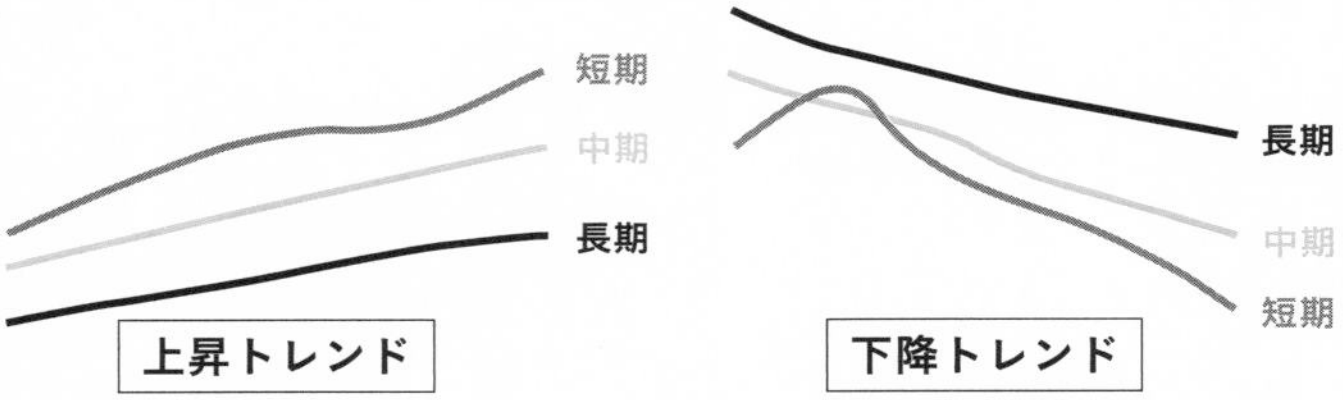

上昇トレンドと下降トレンドを見分けられるようになろう

移動平均線が右肩上がりに上昇していれば上昇トレンド、右肩下がりに下落していれば、下降トレンドです。

トレンドの向きは、複数の移動平均線を見ながらチェックしていきます。

日足チャートを見て、短期、中期、長期すべて右肩上がりの場合、明確な上昇トレンドと言えます。短期線が下を向いていたとしても、中期線と長期線が上向きであれば、こちらも上昇トレンドです。

一方、短期、中期、長期すべて右肩下がりなら明確な下降トレンドです。短期線が上を向いていても、中期線と長期線が下向きなら、それは下降トレンドです。

どんなに好きな〝推し〟の企業でも、下降トレンドの間は触らないことを徹底し、上昇トレンドに入ったら購入するようにしましょう。

〝推し〟銘柄が見つかったら、移動平均線を参考にしながら購入のタイミングを検討していきましょう。

トレンドの転換点も自分で見分けられる

上昇トレンドや下降トレンドは常に一定ではありません。途中で変化することもよくあります。

移動平均線とローソク足を活用すると、このトレンドの転換点も、自分で見つけることができます。

上昇トレンドの最中、ローソク足が中期の移動平均線よりも下にきたら、トレンドの変化に警戒しましょう。

ローソク足が再び中期線の上に抜ければ上昇トレンドが続く可能性もあります

■上昇トレンドから下降トレンドに変わるとき

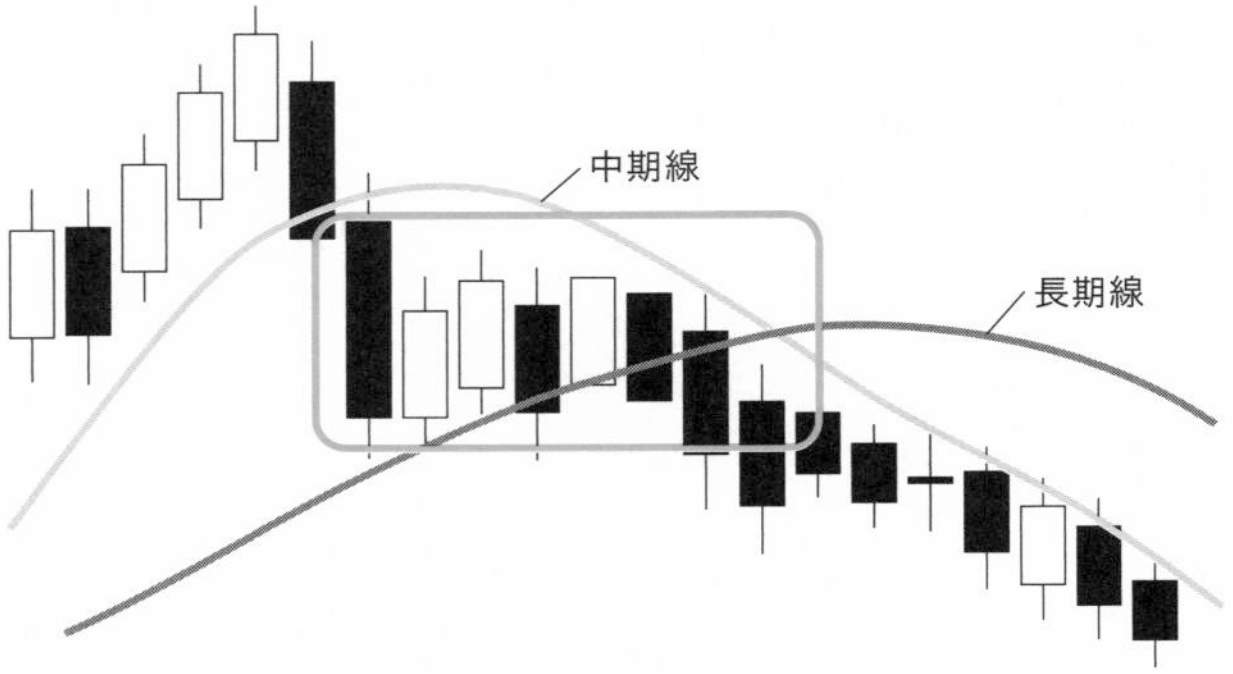

ローソク足が中期線や長期線の下に入ると要注意

■下降トレンドが上昇トレンドに変わるとき

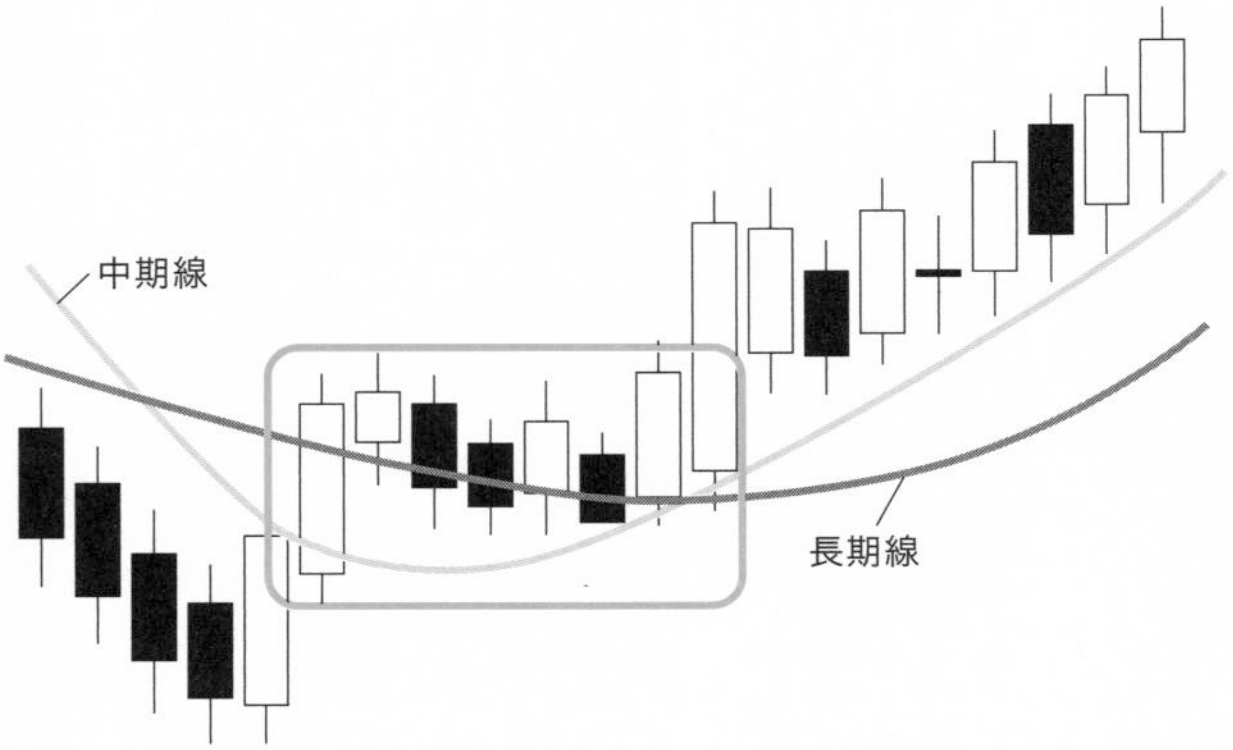

ローソク足が中期線や長期線の上に出ると上昇トレンドに

が、戻ることができずに長期線の下に潜ると、上昇トレンドが終わった可能性が高くなります。

逆に、下降トレンドの最中でも、ローソク足が中期線の上に出るようになると、下降トレンドが終わる兆し。ローソク足が長期線を上回り、中期線と長期線の上を維持できれば、上昇トレンドに入る可能性があります。

悩ましいのは、トレンド転換と思えるような動きでも、実際にはそうではなかったというケースがあることです。そのため、チャートの分析も目安の一つくらいに捉えておきましょう。

野菜の相場のように、株の相場を感じよう

あなたの〝推し〟企業の株が上昇トレンドに入っていると分かったとします。

それでも、最初は株を買うのは怖いものですよね。

「そもそも、買おうとしている株価が高いのかどうかも分からない」と不安になるかもしれません。


そんなときは、まずは1社だけ〝推し〟企業の株価の推移を追いかけましょう。


「今日はじゃがいもが安い」

「最近は白菜が値上がりしている」

毎日スーパーに行っていると、こんなふうに野菜の相場感が身についてきますよね。


株も同じです。

不安なのは、あなたに株式投資の土地勘がないからです。

慣れてくると、スーパーでじゃがいもや大根の値段を「高い」「安い」と思うのと

大根と同じように株の相場も分かるように♡

同じような感覚で、株価の相場感が分かってきます。

相場感を身につけるには、〝推し〟の企業の株価を3カ月〜半年くらい追いかけてみること。

何社も追いかけていると混乱するので、最初は本当にお気に入りの1社からスタートするのがオススメです。

投資は「終わりのある恋」一番大切な売りどきを知ろう

株式投資で一番難しいのが「売りどき」を見極めることです。

そもそも、将来有望な〝推し〟企業への投資は「終わりのある恋」です。

世界一と評価される企業だって、世の中の変化とともに、いつかは成長を止めたり、成長の伸びが鈍くなったりします。

あなたにとって、あるアイドルグループが永遠に最強の〝推し〟であったとしても、世間的に見ればどこかで人気のピークはやってきます。

これは、株も同じです。

資産を増やすことを第一に考えるなら、大切なのは引き際です。

保有している株を売るタイミングをどのように決めるのかをお伝えします。

株の売りどきは全部で4つあります。1つずつ説明していきますね。

♡株の売りどき①♡

目標に到達したら、気持ちよく手放そう

〝推し〟の銘柄があなたの思惑通り、目標としていたところまで成長したら、1つ目の売りどきです。

目標まで成長しても、さらに成長する根拠があるなら話は別ですが、成長する新しい理由が見つかっていないなら、目標に到達した段階で〝推し〟の銘柄を売りましょう。

初心者が陥りがちな失敗があります。

持っている株が目標の株価になった段階で、「もっと上がるんじゃないかな?」と期待して、なかなか手放せないパターンです。

その後、株価がズルズルと下がってきたとき、「あのとき、売っていれば」と後悔するのです。

売りどきを逃して時間だけが経過してしまうというのは、よくある失敗例です。
その後、期間を空けて再び上昇トレンドに入ることもあります。
それでも、目標としていた株価までは戻らず、その後もズルズルと下がっていくことも多々あります。

目標まで到達したら、いさぎよくその銘柄を手放すこと。

特に初心者のうちはぜひ徹底させてください。

♡株の売りどき②♡
推す理由がなくなったら、心機一転、手放そう

あなたが〝推し〟の銘柄を買ったのは、推す理由があったからです。

でも、この推す理由がなくなったら、株を手放すタイミングです。

「この企業の社長はすばらしい」と思って推していたのに、社長が退任してしまっても、あなたはその株を持ち続けますか。

推し活に例えるなら、アイドルグループ中であなたの推していたメンバーが抜けたのと同じくらいのインパクトがありますよね。

ほかにも「決算発表を見て株価が上がると思ったけれど、上がらなかった」とか「新発売の商品に期待したけれど、期待外れだった」とか、いろいろなケースがあるでしょう。

推す理由がなくなるということは、その株を持つ理由がなくなったということです。

株を持つ理由がないのに、その株を持ち続けるのは、あまりにも不確実な投資と言えます。

推す理由がなくなったなら、いさぎよく撤退すること。

躊躇《ちゅうちょ》することはありません。

♡株の売りどき③♡

今よりもっと魅力的な〝推し〟銘柄が見つかった♡

今の〝推し〟銘柄よりも、もっと魅力的な別の〝推し〟銘柄が見つかったら、ぜひ新しい〝推し〟銘柄に向かっていきましょう。

新旧の〝推し〟銘柄を比較・検討する必要はあります。

でも最初にあなたが〝推し〟銘柄に決めたものを、その後もずっと推し続ける必要はありません。

情報収集を進める中で自分の目が肥えていって、もっと魅力的な〝推し〟銘柄が見つかることだってよくあります。

そもそも株式投資を始めたばかりのころは、企業を見る目も甘くなりがちです。

感情に任せた鞍替えはいただけませんが、冷静に分析して、新しい〝推し〟銘柄の方がもっと成長すると思ったのなら、あなたの感覚に素直に従う方が、投資

はうまくいきます。

♡株の売りどき④♡

下降トレンドに入ったらバッサリと手を切ろう

〝推し〟の銘柄が上昇トレンドの間は問題ないのですが、もしチャートに表示される移動平均線が下を向いたり、ローソク足が移動平均線を割って下降トレンドに入りそうだと感じたら、警戒しましょう。

本格的に上昇トレンドが崩れたと分かったら、どんなに〝推し〟の銘柄でも、株を手放すタイミングです。

一度、下降トレンドに入ると、その後もズルズルと長期にわたって株価が下がることは多々あります。

長い目で〝推し〟の企業の成長を見守る覚悟があるなら別ですが、特にそんな

覚悟がないなら、明確に下降トレンドに入ったらすぐに手を切りましょう。

恋愛も、大切なのは引き際です。
自分の頭でしっかり考えて判断できる人になること。
決めたことをきちんと実行できる女性こそ、「いい女」と言えます。
それは、恋愛だって株だって、同じことなのです。

下降トレンドに入ったら、思い切って株を手放そう

幸せを掴みたいなら恋も株も最後はバッサリと切る力が大切

幸せになるには、時にはバッサリと「切る力」が必要になります。

あなたが、憧れていた男性とお付き合いをすることになったとします。

2人の距離が縮まり、一緒に過ごす時間が増えると、違和感を覚えることが増えていきました。

「なんだか、イメージと違っていた」

「性格が全然、合わなかった」

こんなこともありますよね。

それでもあなたはお付き合いを続けますか。

それとも、いさぎよく別れますか。

「どうしても譲れないポイントじゃないから目をつむる」という選択をすること

もあるでしょうし、「ここは譲れないから、傷が浅いうちに別れよう」と判断する場合もあるでしょう。

付き合う中で変わることもありますが、恋も結婚も、あなたが幸せになるためにするものです。

そのためには自分の軸をしっかりと持つ必要があります。

「1年以内に絶対、結婚したい」と思って、結婚願望のある男性とお付き合いを始めたけれど、お互いを知っていくと、実はお相手には結婚願望があまりないことが分かりました。あなたはどうしますか。

絶対に1年以内に結婚したい。

でも、別れを選べずにズルズルとお付き合いを続けてしまうかもしれません。

もちろん、それも人生経験にはなるでしょう。

ただ「絶対に1年以内に結婚する」と思って婚活をしていたのに、結婚する気のない相手と一緒にいるのは不毛ですよね。

時には、自分を大切にして、別れを選ぶ強さも必要です。

時間を大切にしたいと思うなら、別れの決断は早ければ早い方がいいでしょう。ズルズルと付き合っても時間を浪費するだけですから。

「自分の時間」を守りたいなら、バッサリと縁を切る力が必要なのです。

想定外のことが起きたら撤退しよう

これは、投資も同じです。

「魅力的な新商品が出たから成長するだろう」と思って投資をしたのに、「自分の調べ方が甘くて勘違いしていた」とか「売れると思った新商品があまり売れなかった」といった想定外のことはよく起こります。

「感情に任せて高値で買ってしまった」というときも撤退を検討すべきでしょう。

投資した〝推し〟の銘柄が下降トレンドに入ったのに、売るに売れなくなって

ズルズルとその銘柄を持ち続けてしまうことにも注意しましょう。

株は、下がり始めるとどこまで下がるか分からないところが、怖いのです。

ダメだと思ったら早めの引き際が大切になります。

その〝推し〟銘柄以外にも、これから成長する会社はたくさんあります。

予想外の事態が起きたら、いさぎよく撤退して、別の〝推し〟銘柄を見つけること。

時には引くことも大切だと覚えておいてください。

資産が目減りするのは、決断ができないから

損切りができないことを、「株が勝手に下がって」と表現する人がいます。

ですが、損切りができずに損失が増えていくのは、株が勝手に下がっているか

らではなく、自分が〝推し〟銘柄を手放すと決めて、損切りや利益の確定をしないからです。

あなたが決断していないから、資産が目減りしていくのです。

株価の上下に対して予想を立てることはできますが、本当にその通りになるかどうかを、私たちがコントロールすることはできません。

株価をコントロールできないのなら、あなたがコントロールできる自分自身の決断をきちんと下すこと。

自分の気持ちや決断を、いかにコントロールするかが大切なのです。

特に難しいのは、損切りのタイミングです。

損切りとは、投資した株が損失を抱えている状態で持っている株を売却し、損失を確定させることを指します。

例えば、株価1000円の銘柄を買って、その株価が下がって、株価900円になったとします。このタイミングで売却すると100円の損失になります。

損切りは、損失が確定するという意味でも、なかなか難しい決断です。
だからこそ、投資をする前にはあらかじめ、損切りについてのルールを決めておくこと。

株価が○%下がったら、損切りする。
損失が○○万円になったら、損切りする。

このように、どのタイミングで損切りするのかを事前に決めてから株を購入することも、とても大切なポイントです。

損切りのラインはこうして決める

では、損切りするラインは、どのように決めればいいのでしょうか。

「一体、お金がいくらなくなったら、私はイヤかな？」

まずはこう考えてみましょう。

その上で、なくなったら困る金額よりも少ない金額を、損切りするラインに設定しましょう。


仮に10万円を投資していて、5万円（投資資金の半分）までなら現金を失っても大丈夫と思っていたとしましょう。

でも投資資金が半分の5万円になると、それを10万円まで戻すには、株価が2倍になる銘柄に投資しなくてはなりません。通常は大きな利回りを狙う投資の方が時間がかかるので、効率が悪くなります。

もし5万円なくなることに耐えられるなら、投資資金を30万円くらいに増やして、損切りラインを30万円の10〜15％に当たる3万〜4万5000円くらいに設定するといいでしょう。


「いくらまで下がったら撤退するのか」

事前に撤退ラインを決めてから投資を始めると、あなたの〝推し〟銘柄が予想外の値動きになっても冷静に対応できます。

なにより、損失を覚悟した上で投資に踏み切るので、結果的には精神的な満足度も高い、良い投資になります。

損切りというと、ネガティブなイメージがありますよね。

でも、ズルズルと値下がりする株を持ち続けて身動きが取れなくなるよりは、一定のラインを越したらいさぎよく損切りする方が、よっぽど健全です。

ハナミラの受講生の中にも、最初は損切りが苦手な人がたくさんいます。

でも、ハナミラの先輩受講生が上手に損切りしているのを見て、「損切りも必要なことなんだ」と理解して、少しずつ上手に損切りができるようになっていきます。

うまく損切りできるようになると、投資全体の成績も上がっていきます。

損切りが上手な人は、投資上手。

最初は怖いと思いますが、ぜひ心に留めておいてください。

第6章

恋も株も、最後はマインド勝負

恋も株も、選んでいるのは自分
被害者意識を手放して幸せになろう！

株式投資を成功させるなら、投資の方法を学んだり、投資のスキルを身につけることは大前提です。

ただ、同時に感じるのが、投資がうまくいくかどうか、最後の最後で一番大切になるのは、銘柄やチャートの分析ではなく、「マインド」なんです。

投資についての知識やスキルを身につけたとしても、自分の軸を持たなければ、投資にうまく生かすことができません。

投資と恋愛は、うまくいくために必要なマインドがとても似ています。

私は夫と仲が良く、ハナミラの受講生からは、「旦那さんと一緒にいるときが一番かわいい」と言われます。

私自身、パートナーシップについて深く考え、実際に夫との関係がうまくいっていることもあり、女性向けの婚活塾で講師をしていたこともありました。

その経験から、投資も恋愛もうまくいく人には共通点があると確信しています。

実際、ハナミラで投資をしている女性たちを見ても、恋人や夫との関係が良好な女性は、投資もうまくいっていることが多いです。

そこで本章では、恋愛を例にしながら、投資でうまくいくマインドについてお伝えしていきます。

あなたを不幸にする他責思考を手放そう！

「恋人からの連絡が減って悲しくなった」
「付き合い始めると、いつも恋人に冷たくされる」
「私はこんなに頑張っているのに、彼は全然、感謝してくれない」

自分の恋愛がうまくいかないのを、相手のせいにしていませんか。

恋愛をうまくいかせるためにも、そして投資で利益を出すためにも、今日からはこの「相手のせいで○○だ」という他責思考とは、さよならしましょう。


恋も投資も、成功するのを邪魔する唯一の考え方が、他責思考です。


他責の恋愛では、「選択権は常に相手が持っていて、自分はそれに従っているだけ」という構図になります。

そうすると、うまくいかないことがたくさん起こります。


小さなことだと、次のような例もあります。

デートで相手に喜んでもらいたくて、頑張って早起きをして、髪を巻いて、爪もきれいにしたとしましょう。

でも、恋人からは「かわいいね」といったほめ言葉がなかったとします。

これに対して、「こんなに頑張ったのに、なんでほめてくれないんだろう」「私は愛されていないのかも」と不満をためてしまうのが、他責思考の人です。

「今日は久しぶりにあなたに会えるから、頑張りました！」「変化に気づいてもらえたら、うれしいです♡」と、自分の欲しい言葉をかけてもらえるように、相手に働きかけられる人が、自己責任で生きている人です。

相手と自分は別の生き物。

相手が自分の思い通りに行動してくれることはあり得ません。

自分以外は、コントロールできない。

だからこそ、「自分になにができるか？」を考えて、行動することが大切なんです。

もう少しシリアスな例だと、結婚をしてから不満がたまって「なんでこんな人と結婚したんだろう」と思ってしまうこ

待つのではなく、自分から働きかけよう

ともあります。

でも、考えてみてください。その相手を選んだのは、ほかでもないあなたです。仮に親に決められた相手であったとしても、「親に決められた相手と結婚する」という人生を選んだのはあなたです。

自分で選んだ以上、夫婦関係をどのように構築していくのか、はたまた離婚することを選ぶのかも、あなたが決めることができます。

「自分の人生は、自分で決めることができる」

そう分かっている人は、必ず自分を幸せにすることができます。

「人生に起こることはすべて自分が選んでいる」という自覚があるかないかで、恋愛も投資も、うまくいくかどうかが分かれます。

自己責任で生きると、自分で幸せになれる

私は投資を本格的に始めるときに、あるスクールに通いました。

そこで教えてもらった大切なメッセージは、投資は自己責任ということでした。

「お金を払って学びに来たのに、自己責任なんて理不尽だ」と当時は驚きました。

今思えば、私もかつてはかなりの他責マインドだったわけです。

そんな私の投資がうまくいき始めたのは、投資だけでなく、人生で起こるあらゆることに対して被害者意識を捨てて、自己責任で生きると決めてからでした。

「自己責任」と言うとなんだか冷たい言葉に聞こえるかもしれません。

でも、自分で責任を取るということは、自分で選べる、自分で決められるということです。自分で自分を幸せにできる最高に自由な生き方です。

あなたが変えることができるのは、あなただけ

「この銘柄を選んだのは自分」

「グズグズと迷って損切りをしなかったのは自分」

そんなふうに、自分の選択の結果を自分で引き受けられるようになってから、私は初めて、株で利益を出せるようになりました。

自分でコントロールできない相場に対して被害者意識を持っても、現実はなにも変わりません。

自分で変えられるのは、自分だけ。

だからこそ、自分の行動を振り返り、改善していくことが大切なのです。

自分が変わればうまくいくって、逆に言えばとってもシンプルですよね。

ハナミラで投資を学ぶ女性たちも、投資を学び、マインドを変えたことで、投

資だけでなく、人生のあらゆる局面がうまくいくようになったと言います。

「この人を選んだのは自分なんだ」と気づいて相手に優しく接したら、夫婦関係が改善したり、別れる寸前だったのに結婚に至ったりしています。

人生で起こることには、自分だけが悪いことはありません。

同じように、相手だけが100%悪い、ということもないんです。

不幸な出来事でも、自分にできたことや、これからできることがあるはずです。

仕事もパートナー選びも、今の状態を選んだのは、あなたの選択です。

そう思えるようになると、人生が変わります。

投資する銘柄を選んだのも、利益を出せたのも、損失を出してしまったのも、すべて自分で決めたこと。

いつだって選んでいるのは自分で、自分次第で結果は変えられる。そう思えるようになると、気持ちよく投資できますし、成果も出せるようになります。

恋も投資も、感情任せはNG！心のクセを知って、執着や恐怖心を手放そう

恋も投資も、感情のままに動くのはNGです。

恋愛の中で、こんな経験はありませんか？

感情的になって言いすぎてしまい、恋人と大喧嘩してしまったこと。「言い方が悪かったな」「カッとならなければ良かったな」と後悔しても後の祭り。一度あなたの口から出た言葉を、心の中に戻すことはできません。

みんなが憧れる会社に勤めるイケメンと付き合うことになったとしましょう。実際に距離が近くなると、どうしても相手に合わせて無理してしまい、安らげない。見栄を張って、友達にうらやましがられる人と付き合うのではなく、自分らしくいられる人と付き合った方が良かったと後悔したことはありませんか。

彼が仕事で忙しくなり、連絡が減ったときに、「浮気では？」とパニックになり、仕事中の彼に何通もメッセージを送ってしまった。よくよく聞くと勝手な誤解で「冷静に話し合えば良かった」と反省したことはありませんか。

恋愛では、恐怖心や執着、見栄や突発的な出来事でパニックになり、負の感情に負けて失敗してしまうことって、ありますよね。

投資も恋愛と同じです。不測の事態に陥ると、つい自分の持っているネガティブな特性が、ひょっこりと顔を出してくるのです。

恋愛の後悔と投資の後悔は似ている

ちょっとしたニュースで株価が下がり、不安になって〝推し〟の銘柄を売ってしまった。驚いて売ったけれど、よくよく考えたら大したことのないニュースだった。売らなければよかったと後悔した。

〝推し〟の銘柄が下降トレンドに入ったと分かってるのに、もったいなくて損切りできず、ズルズルとその株を持ち続けてしまった。早めに売っておけば傷が浅いうちに解決したのに、身動きが取れずに損失が大きくなってしまった。

もしくは、投資仲間に紹介された銘柄。「良いかも！」と欲が出て、しっかりと調べることなく買ってしまった。衝動的に買ったら、下がったときのことを考えていなくて大失敗。もう少し冷静に検討してから買えばよかった、と後悔した。

恋愛の後悔と投資の後悔には、似ているところがありますよね。

恋愛も投資も、その人の性格がよく出ます。それも、執着や欲、恐怖心な

あなたの心には、どんなクセがありますか？

ど、似たようなネガティブな感情が同じパターンで現れます。

投資がうまくいってしっかりと資産を増やせる人は、自分の心のクセに気がついて、自分のネガティブな感情とうまく付き合えている人です。

心のクセを知るには、自分の行動を振り返って、その傾向を見ることをオススメします。

例えば恋愛でいつも感情的に言いすぎて、恋人と大喧嘩になることが多かったとしましょう。新しい恋人とは絶対に喧嘩したくないと思ったら、「自分が感情的になる前に、相手の本意を冷静に聞いてみよう」「ひと呼吸置いてから発言しよう」と対策を練ることができますよね。

まずは自分のことを知り、改善していくことが大切なんです。

投資の中でも、あなたの心のクセが出てくる

もし株式投資が初めてであれば、勇気は必要ですが、〝推し〟を調べて実際にやってみるのがいいでしょう。

投資では、特に株の売買をするときに自分の性格がひょっこり顔を出します。「こんなときに、こんなふうに思うんだ」と、自分の性格を知りましょう。自分の性格を自覚すると「いつも楽観的に考えてすぐに気になる株を買っちゃうから、ちゃんと調べてから買おうかな」と対策を講じることができます。

まずは自分を知って、上手に対策を講じながら、自分をコントロールして投資と付き合っていきましょう。

幸せになるには器の大きさがモノを言う
自分の器を広げれば恋も投資もハッピーに♡

突然ですが、あなたはどんな人と結婚したいですか？

「イケメンで、年収は1000万円以上。優しくて、家事は完全に分担してくれて……。でも、そんな人ってすごくモテそう。私とお付き合いしてくれるかな？私って、理想が高いのかな？」

最高の理想の相手がどういった基準でパートナーを選ぶのかは分かりません。
ただ、あなたが最高の理想の男性の恋人になることも可能です。
「人間力」というあなたの器を広げれば、の話です。

人は、自分と見合う人としか引き合いません。

あなたが素敵な人と結婚したいなら、自分も素敵な女性になる必要があります。自分のすばらしさを認めたり、自分に自信を持って振る舞えるようになったり、相手にふさわしい教養を身につけたり……。

あなたが自分を磨いて素敵な人になることができれば、あなたにふさわしい素敵な人とお付き合いすることが当たり前になるでしょう。

投資も同じです。

投資でも大切なのは「自分の器」。

人は、自分に見合った金額、自分にとって慣れている金額しか、適切に取り扱うことができないのです。

恋も投資も、自分の器を広げていこう

慣れない金額の投資は控えよう

投資を始めたばかりの人から、次のような相談を受けることがよくあります。

「〝推し〟の会社を見つけたけれど、株を買うには最低でも50万円が必要です。手元にちょうど50万円あるけど、それをすべて投資に回すのは怖い。10万円くらいなら、気軽に挑戦できるんだけど」

こんな場合は、まずは10万円前後から始められる銘柄を探すようにオススメしています。

なぜなら、あなたが「怖い」と感じる金額は、まだ自分にとって扱うことに慣れていない金額だからです。

金額が多すぎると、自分を冷静にコントロールできない状態に陥ります。

恋愛に例えると、「すごく素敵な男性とお付き合いすることになったけれど、レベルが高すぎて、安心して素の自分を出せない。なんだか居心地が悪い」というような状況です。

相手はなにもしてないのに、自分に自信がなくて不安になった経験のある人もいると思います。

自分にとって当たり前ではない相手と付き合うと、苦しくなりますよね。

50万円だと怖いけれど、10万円なら多少は緊張はするものの、自分を見失わずに落ち着いて投資できるなら、それが今、あなたが無理せずに扱うことのできる金額です。

自分が安心して扱える金額の範疇《はんちゅう》で投資をしているうちに、保有する株価が10％上がったらプラス1万円、保有する株価が10％下がったらマイナス1万円、というように値動きに慣れていきます。

10万円を扱うことに少しずつ慣れて、「次は30万円投資できるようになろう」と思えるようになるはずです。

仮に30万円で買った株が10％下がってもマイナス3万円。

3万円を失うのは確かに痛手ですが、損切りをしてマイナス3万円に抑えられるなら、人によっては勉強代だと割り切れるかもしれません。投資に慣れてくれば、今後はそれ以上のリターンを出そうと思えるようになるはずです。

10万円の投資に慣れてくると、金額の変動を受け入れられるようになります。そうすると、今度は30万円を扱うことができるようになる。

普段扱う金額が増えてくると、それはあなたのお金を扱う器が広がってきている証拠です。

恋も投資も、身の丈に合わせることが幸せのコツ

私も株式投資を始めたばかりのころに、会社員当時の貯金の大半である数百万円を、勢いで投資したことがあります。

ただ、それはあまり良い投資にならず、マイナスで終わりました。マイナスの金額はもちろん、当時の私にとっては大きな痛手でした。

ただ、それ以上にイヤな思い出として記憶に残っていることがあります。

それは、投資をしている最中ずっと、心が落ち着かなかったことです。日々の株価のアップダウンに一喜一憂していましたし、株価が購入したときよりも下落して「含み損」を抱えたときには、胸が苦しくなりました。

購入したときより株価が上がって「含み益」が出たときでさえ、なんだか心がザワザワして落ち着きませんでした。

含み益が出ているならうれしいはず、と思うかもしれません。

でも、自分が扱い慣れてないお金を前にすると、いろんな感情が湧いて冷静な判断ができなくなります。

今はもっと大きな金額を扱っているので、当時より大きな利益も損失も出しています。ただ、自分をコントロールできているので、損失が出ても失敗を経験として生かすことができるようになりました。

自分の身の丈に合わない金額を扱いそうになるとドキドキします。

そんなときは会社員時代の苦い経験を思い出して、「もう身の丈に合う金額でしか投資しない」と改めて思うようにしています。

当時の経験は、投資において一番意味のある失敗だったと感じています。


身の丈に合わない恋がつらいように、投資も身の丈に合わない金額を扱うのはしんどいもの。


自分を保ちながら投資を実践するには、扱える金額から始ることが大切。

「怖くはないが緊張感はある」という金額を、投資の資金にしましょう。


初めての投資なら、最初は10万円くらいからスタートしましょう。

始めたばかりの段階では、自分のお金に対する器も分かりません。

だからこそ、少額からスタートするのが安心です。

スタートして、「まだいける」と思ったら、投資資金を足すのがオススメです。

投資に慣れながら扱える金額を増やして自分のお金の器を育てましょう。

何度失敗したって大丈夫！恋も投資もチャンスは無限大にある

「恋人と別れて、もうあんな素敵な人とは出会えないと思うんです」

「元彼のことを引きずって、なかなか次の恋愛に進めません」


恋が終わると、「もう二度と恋なんてしない」と思いますよね。

別れ方が良くなかったり、相手に未練があったりすると、別れた後もズルズルと引きずって、次の恋愛に進むことができなくなるかもしれません。

私も、初めてちゃんとお付き合いした人と別れた後は、長い間引きずりました。

でも、今はとても幸せです。

「もう恋なんてしない！」と思ったら、次の名言を思い出してください。


「地球上に、男は何人いると思ってるの？……35億」

一世を風靡《ふうび》したお笑いタレント、ブルゾンちえみさんのネタです。

この言葉は、女性に希望を与えてくれる名言ですよね。

「地球上には35億人もの男性がいるんだから、私は絶対、理想の相手に巡り合える！　絶対に愛される！」

そんなふうに自分を信じて前向きに進んでいくと、また幸せな恋愛ができるようになります。


投資の世界も同じです。

「損をして、もう投資が怖くなってしまった。また失敗したらどうしよう」

「〝推し〟の銘柄だったけど、株価が上がりすぎて買えなく

なった。ずっとその会社のことを引きずりそう」

初めのうちは、こんな気持ちを経験するかもしれません。

3800社以上の会社を、選びたい放題！

ですが、安心してください。

上場している企業は、日本だけでも3800社以上もあります。海外を合わせれば、もっとたくさんあります。

3800社以上の会社と、自分のタイミングで付き合い放題なんだと思うと、株式投資がちょっと楽しくなってきませんか。

一度や二度、素敵だなと思った会社に投資をするタイミングを逃したり、うまく利益が出せなくても、ほかにも株価が上昇する〝推し〟の企業は必ず現れます。

人が世の中をより良くしようとする限り、放っておいても、良い会社は次々と生まれてくるものです。

魅力的な商品やサービスが誕生し、成長する企業はどの時代にも存在します。

だから、安心してほしいのです。


失敗したら、その原因を学んで、次に生かせばいいんです。


うまくいかないと落ち込む気持ちは分かります。

ですが、目の前を通り過ぎたチャンスや、やらかした失敗には執着せず、軽やかに次のチャンスに目を向けること。

次のチャンスに目を向けることができたら、この世界は素敵な企業がたくさんあるパラダイスだと思えるようになります。

恋愛と同じく、投資も自分を信じて前向きに取り組んでいくと、チャンスはまた巡ってきます。

良い会社はあると強く信じれば、〝推し〟が見つかる

ハナミラの受講生で、いつも魅力的な〝推し〟の企業を見つけて楽しそうに投資をしている人がいます。

彼女たちにインタビューをしたところ、一つの共通点がありました。

それは、「良い会社は絶対にある」と信じて銘柄探しをしているのです。

投資や企業に対して、肯定的な眼差しを持っているんですね。

彼女たちは、銘柄を探すときに「次はどんな素敵な会社に出合えるんだろう」「世の中には、頑張ってる会社がたくさんある♡」と考えているそうです。

「魅力的な会社は絶対に存在する」と信じて銘柄を探している。

信じているから、次々に気になる企業が目に入り、そこから〝推し〟の企業が生まれているんです。

逆に、投資がうまくいかない人は、「良い企業はあまりない」という前提で探しているように感じられます。

婚活で、出会う男性のほぼ全員から「素敵な女性だ」「ぜひお付き合いしたい」と言われる女性は、どんな気持ちでデートに向かっていると思いますか。

「次は、どんな素敵な男性に出会えるだろう」

そう考えながら、デートに向かっているのだそうです。

良い恋愛をするには人間力が大事だと書きましたが、相手の魅力的なところを発見しようとする女性の姿は、人間力の塊とも言えます。

そんな気持ちでいたら、相手の長所を見つけることができるでしょうし、相手の男性も、一緒にいて気分がいいと感じるはずです。

投資の世界も、同じです。

〝推し〟の企業を見つけたいなら、「良い会社はある」と思って探すこと。

そう信じるだけで、私たちは〝推し〟の企業を見つけようと努力しますし、見

つけることもできます。

実際、私も投資を学び始めたときは、「魅力的な銘柄は必ず存在する。絶対に見つけてやる！」という気持ちで挑戦していました。

今でも新しい投資対象を探すときは、そう思いながら探しています。

その意識の差が、〝推し〟の企業が見つかるかどうかの差になります。

企業とは、世界をより良くするすばらしい存在です。

そして、魅力的な会社はどんどん生まれています。

中には、あなたにぴったりの〝推し〟の企業が必ず存在しています。

そう強く信じて、魅力的な会社を探してみること。

「**次は、どんな素敵な企業に出合えるんだろう**」

そんなワクワクした気持ちを、大切にしてください。

その気持ちこそが、あなたの投資生活を豊かで幸せにしてくれる、最も大切な要素なのですから。

第7章

投資で成功するための5つのルール

自分を信じて投資を続けるために大切にしたい5つのポイント

人が成功するために一番大切なことは「継続」です。

それは株式投資も同じです。

多くの人は「株式投資で一度だけ、10万円の利益を稼げればいい」と思っているわけではありません。

利益は何度だって手にしたいし、より多くの資産を築いていきたいと考えているはずです。


そのために大切なのは、続けることです。


100万円を2倍にしたら、200万円になります。

同じ2倍でも、200万円が2倍になると400万円。

400万円を2倍にできたら、800万円になります。

投資で大きな資産を作ってきた人が何をしてきたかというと、特別な魔法があるわけではありません（時々、そんな天才もいますが）。

ただ数年から十数年、やめることなく投資を続けてきたのです。

そのプロセスでは成功も失敗もあったでしょう。資産は増えたり減ったりしてきたはずです。

ですが、やめずに適切に投資を続ければ、きっとプラスになります。

逆に投資における最大の失敗があるとすれば、それは投資をやめることです。


投資は、継続が命。


投資を歯磨きのような日常の習慣にして、続けられるようになりましょう。

最終章では、投資を続けるために必要な5つの考え方をご紹介します。

♡投資を続けるコツ①♡

やめずに、適切に続けること

なんとなく投資を続けてもあまり成果は出ません。

私も、とりあえず自己流で株式投資をしていたころは、利益が出たり出なかったりを繰り返していました。根拠のない投資をしていたので、そこからなにかを学ぶということも、ありませんでした。

私にとって初めての大きな自己投資が、投資のスクールに通ったことでした。当時、会社員としては思い切った金額を払ったのですが、今振り返っても、その経験はとても良かったと思います。

知識が定着して使えるようになりましたし、先輩たちの経験から学ぶことで、株式投資の仕組みを最短で理解することができました。

一定の資産を築いている人が、お金よりも大切だと思っているもの、それが時間です。

投資を始めるとお金は稼げるようになります。

でも時間は、誰にとっても有限です。

それを、誰かに教えてもらうことで、てっとり早く学ぶことができるなら、余った時間で家族や友人と過ごすこともできます。

命の時間は有限だからこそ、あなたの時間を増やしてくれるものにお金を使うことが大切なのです。

そういう意味でも、多くの人がいち早く、体系的に投資の知識を身につけることを、私は猛烈にオススメしています。

途中で放り出さず、投資を続けていこう

♡投資を続けるコツ②♡

投資はチーム戦♡　仲間を作ろう

なにかを始めて、習慣化して続けることはとても大変です。

私も習慣化するのが苦手で、いつも苦戦しています。

そんな私が編み出した成功パターンは、環境の力に頼ること。

一人だとやる気が出ずにすぐに飽きてしまいますが、仲間とつながることで続けられるようになります。

「〇〇さんが頑張ってるから、私もちょっと頑張ってみよう」

「みんなの役に立てるように、良い情報をシェアできるようになろう」

そんなふうに考えられたから、今まで続けることができました。

仲間と情報交換したり、交流することが楽しく、投資を続けることができたのです。そうしている間に投資に慣れ、今ではライフワークになりました。

習慣化のコツは、仲間を作ること。

仲間が頑張っていると、自分もやる気になります。仲間がいることで、自然と「仲間との約束」を守ろうと頑張ります。

私も、「仲間がいるから、投資で結果を出すぞ！」とやる気になり、投資を続けているうちに、それが当たり前になりました。

人は、適応する生き物です。

続けることが当たり前の環境に身を置くと、自然と仲間の影響を受けて、投資を続けられるようになります。ライフワークになればこっちのものです。

仲間や環境の力を借りて、自然に投資を継続できるようにしていきましょう。

投資仲間を作るのが、続けるコツ

投資はチーム戦でもあります。

自分一人だと、学ぶことも情報収集も銘柄分析も時間がかかります。でも仲間と一緒に学び、情報を集め、分析すれば時間を大幅に削ることができます。

〝推し〟の企業の情報も、仲間の数だけたくさん集まります。

分析も、仲間と一緒に協力できれば、幅広い視点から検討することができます。

投資のリテラシーがある仲間と一緒なら、忙しい中でも自分の生活を大切にしながら、投資を続けることができます。

投資の知識をしっかりと身につけた仲間とつながって、投資をすることが当たり前の環境に身を置くこと。

スクールに通ったり、ハナミラのような場所で仲間を見つけるのも手です。

オンラインサロンやＳＮＳグループなど、最近ではたくさんの投資グループがあります。

そういった場所に顔を出して、仲間を作り、楽しく投資を続けていきましょう。

♡投資を続けるコツ③♡

ワクワクのアンテナを張ろう☆

投資を始めて、〝推し〟の企業がなかなか見つからないと思ったら、ワクワクのアンテナを大切にしてください。

あらゆる企業は、社会や別の企業、個人に対して、何か良いものを提供するために事業を運営しています。

そして確実に日々、私たちが喜ぶような新商品や新サービスは生まれ続けています。

この先のことを考えると、もしかすると企業は、現在のような形からは変わっているかもしれません。

個人の力が強くなる時代ですから、組織の形も変わるでしょうし、株式会社以外の組織体も誕生するでしょう。

それでも、なにか新しい価値を生み出す存在のところには、人やモノ、お金といったエネルギーが集まります。

人がワクワクしたり熱狂したりするところは常に存在しているのです。仮に、自分が気づかなかったとしても、それは必ずどこかにあります。

投資というのは、人が欲しがるものやワクワクするものを見つけて、お金や時間、労力といったエネルギーを投じることでもあります。

視野を広げてワクワクを探してみよう

どんなに時代や環境が変わっても、ワクワクの種は常に存在しています。

だからこそ、ぜひワクワクする心をあなた自身が持ち続けてください。

ワクワクの種を見つけたらそこに関わったり、時間やお金を投じてみましょう。

投資とは、ワクワク探しです。

楽しそうだなと思うアンテナの感度を磨くと、自然と投資を続けられます。自分でワクワクを見つけられないなら、仲間と情報交換をしてみましょう。一人だと見つからなかったワクワクの種も、仲間の視野を借りると、より広い世界から見つけることができるようになります。

世の中の変化を楽しみながら、ワクワクの種を見つけて、投資を続けていきましょう。

♡投資を続けるコツ④♡

人生の目的を忘れずに続けよう

「あなたの夢はなんですか？」

投資を続けるために大切なのは、自分が始めた目的を思い出すことです。

多くの女性に投資の方法を教えてきて実感したのは、お金のためだけに頑張れる女性はそんなに多くない、ということです。

女性の場合、お金そのものを目的にしたり、当初の目的を忘れて株価ばかりを追いかけるようになると、どうしてもしんどくなるようです。

そんなときは、自分の夢や目的を思い出してください。

未来に対して抱いた夢や希望を思い出すと、きっと投資を続けたくなります。

夢や目的を忘れないようにするためにも、仲間作りは本当に大切です。

私の場合、投資はもちろん、ハナミラと

投資を始めたころの目的を思い出そう

いう資産運用スクールを続けてこられたのは、仲間のおかげです。
会社のロゴができたとき、運営メンバーや投資仲間がロゴに見立てたリースやトロフィーを作ってくれました。今でもそれを見るたびに、「よし、やるぞ」と自然と気持ちが引き締まります。

夢や目標を、普段から目に入る場所に掲げていると、夢を忘れることが減り、初心を忘れずにいられます。

ぜひ、素敵な仲間を作って、自分の夢やそれが叶った姿に一緒にワクワクしながら、投資を続けていきましょう。

♡投資を続けるコツ⑤♡

大丈夫、最後は自分を信じよう♡

投資の成否は、未来任せ。そして、未来はいつだって不確実なものです。

投資をするとき、私はいつもこう感じています。

私が信じているのは、決して投資や株式、企業ではありません。

ここまで〝推し〟の企業を見つけようとか、絶対に〝推し〟の企業は見つかるなどと伝えてきた私が、こんなメッセージを伝えるのは、矛盾しているように感じるかもしれません。

ですが、未来のことは、いつだって分からないものです。


私たちの人生も、明日どうなっているかは、誰にも分かりません。

だからこそ、投資をしているときに私が信じているのは、企業や株ではなく、「投資をしている自分」や「その企業をすばらしいと思った自分の判断」です。

投資でうまくいくことだって、失敗することだってあります。

それらも全部ひっくるめて、こう思うんです。


「私だったら、きっと大丈夫」

そんなふうにポジティブに捉えられる人は、精神的にも経済的にも豊かになれますし、望む未来を手に入れることができるはずです。
「全部、うまくいくから大丈夫」と自分を信じてあげてください。

あなたの未来は、あなたの決断が作る。
大丈夫。何も心配することはありません。
あなたの前には、すばらしい未来が拓けています。
自分を信じて、一緒にワクワクする人生を送りましょう♡

最後は自分を信じて、応援してあげよう♡

おわりに

最後まで読んでくださり、ありがとうございました。
この本は、知識ゼロでも、恋と推し活とショッピングを例に、楽しく株式投資を学ぶことを目指して書きました。

「株式投資は夢を叶える手段♡」
「本当は身近で楽しいもの！」

自分の〝推し〟の企業を見つけて投資を楽しんでいただけたらうれしいです。

たくさんの人に支えられて、この本を世に出すことができました。
今、改めて感じるのは、私たちは愛と夢に支えられて生かされているということです。投資を通じて夢を叶える力を持つことができ、ハナミラの受講生や仕事、プライベートで生まれた愛あるつながりのおかげで、この本が形になりました。

そこから、また新しい夢を描くこともできます。

私は投資の楽しさを伝えることで、たくさんの女性の人生を応援し、これからは次世代を担う子どもたちのための教育の仕事もしたいと思っています。同時に今後は日本の良さやすばらしさを未来につなぐという、もう一つの夢も叶えていきたいと思っています。

投資に出合う前から、私はいつか、大好きな日本のためになにかしたいと考えていました。投資に出合い、自分の可能性を信じられるようになったおかげで、ずっと封じ込めていた思いを解放し、形にしていきたいと思いました。


夢とは、人が生きるための原動力です。

夢を持っている限り、私たちは前進することができます。

株式投資がすばらしいのは、それが、一人ひとりの夢を叶える手段になるからです。投資によって「より良い社会を作りたい」と考える企業を応援することもできます。自分の夢も、ほかの人の夢も同時に応援できるなんて素敵ですよね。

変化の多い時代、これからの未来がどうなるのかは誰にも分かりません。

それでも、私たちの本質はより良い未来を目指して進んでいく光そのものだと、私は思います。

そう。いつだって、私たちには夢を叶える力が宿っているんです。

私自身、株式投資を通してたくさんの夢を叶え、大好きな人に囲まれた人生を送ってきました。

だから、あなたも絶対に大丈夫。

投資を、夢を叶える道具にして、ワクワクする人生を歩んでください。

投資について話せて、一緒にワクワクする仲間が欲しいと思ったら「ハナミラ」(https://hanamira.jp)と検索してみてください。推し活投資の最新の実例も掲載しています。あなたの株式投資の実践のお役に立てれば幸いです。

この本を世に出すに当たり、たくさんの人に支えていただきました。

この本に関わってくださったみなさまに、お礼を申し上げます。

出版のきっかけをいただき、愛あるご支援をくださった大学時代の恩師のジョン・キムさんと、編集担当のダイヤモンド社の日野なおみさん。心から感謝しています。

先輩著者のみなさんからは、多大なるアドバイスをいただきました。惜しみないアドバイスをありがとうございました。また、お世話になっている起業家や経営者のみなさんの「楽しみにしてるよ！」という言葉も、私に大きなエネルギーを与えてくれました。

大学時代の先輩のあすかさんも、本当にありがとうございます。投資を始めてから今まで出会った投資家や仲間のみなさんにも感謝しています。

原稿のアドバイスをくれた友人のGさんとYさん、心から感謝しています。

一番近くで私を見守り、深夜まで手伝ってくれた夫、いつも本当にありがとう。

そして、なんと言ってもハナミラの受講生のみなさんのおかげで、この本の企画が決まり、原稿を書き上げられました。体験談を話してくれたり、推し活について教えてくれたりと、いろんな形で支えてくれてありがとうございました。

ハナミラを運営するチームのみなさんも、ありがとう。

みなさんの愛や思いが、この本を手に取ってくれた読者に伝わり、ワクワクする人生を歩む輪が広がっていきます。とても楽しみですね。

この本がきっかけとなり、一人でも多くの女性が自分を信じて、夢と希望でいっぱいの人生を歩めるようになりますように。心から、そう願っています。

二〇二三年　桃の節句の日に

松下りせ

［著者］
松下 りせ（まつした・りせ）
未来デザイン×資産運用アカデミー
ハナミラ代表

1990年生まれ、慶應義塾大学文学部卒。新卒で三菱電機に入社後、オリエンタルランドに転職。好きな仕事をする中で、お金やキャリアについて悩みを抱え、将来の不安を解消すべく株式投資をスタート。投資を通じて不安を解消し、仕事も一層楽しめるようになり、「自分の力で人生はつくれる」と実感。「自分の人生が好きになり、未来が楽しみになる女性を増やしたい」と、2020年3月より女性に株式投資を教え始める。最愛の“推し”銘柄を見つけるという独自の投資方法を実践すると、投資初心者でも、月に100万円の利益を出したり、資産を10倍にしたりする女性が続出。現在は、女性向けの株式投資スクール「未来デザイン×資産運用アカデミー ハナミラ」を主宰。資産運用を通じて未来にワクワクする女性を増やすべく活動している。

▶ハナミラ　https://hanamira.jp/

恋と推し活とショッピングに学ぶ知識ゼロからの女子株

2023年4月18日　第1刷発行
2023年5月16日　第2刷発行

著　者――松下 りせ
発行所――ダイヤモンド社
〒150-8409　東京都渋谷区神宮前6-12-17
https://www.diamond.co.jp/
電話／03･5778･7233（編集）　03･5778･7240（販売）
装丁･本文デザイン―喜來詩織［エントツ］
イラスト――くらたみゆう
DTP ―――河野真次［SCARECROW］
校正―――聚珍社
製作進行――ダイヤモンド・グラフィック社
印刷―――新藤慶昌堂
製本―――本間製本
編集担当――日野なおみ

ISBN 978-4-478-11633-3